Les fantômes du passé

DU MÊME AUTEUR,
CHEZ LE MÊME ÉDITEUR

Se libérer du destin familial. Devenir soi-même grâce à la Psychogénéalogie, 2000.

Se libérer du temps généalogique. Déprogrammer son destin par la Psychogénéalogie, 2002.

Sous l'influence du destin familial. John F. Kennedy et les programmations secrètes de l'arbre généalogique, 2003.

La maladie, une mémoire généalogique. Comprendre son roman familial pour guérir, 2004.

ISBN : 2-286-00157-X

Elisabeth Horowitz

Les fantômes du passé

Comment les deuils familiaux influencent notre vie

LE GRAND LIVRE DU MOIS

Pour Jocelyne

Avant-propos

Cet ouvrage s'inscrit dans un cycle consacré à l'influence de l'arbre généalogique sur le destin personnel. Quatre ouvrages ont précédemment paru.

Le premier, intitulé *Se libérer du destin familial*, énonçait les bases de la Psychogénéalogie. Le second, *Se libérer du temps généalogique*, était consacré à la répétition des dates anniversaires et à la reviviscence de programmations familiales à des âges significatifs. Le troisième, intitulé *Sous l'influence du destin familial*, consacré à l'histoire familiale de John F. Kennedy, proposait de suivre concrètement l'histoire d'une famille célèbre sur quatre générations afin de mieux comprendre la façon dont le roman familial était susceptible d'influencer la destinée personnelle. Le quatrième, intitulé *La maladie, une mémoire généalogique* s'intéressait au rôle déterminant de la généalogie dans le déclenchement de la maladie.

Le présent ouvrage, le cinquième de cette série, s'intéresse aux deuils familiaux, aux circonstances qui les entourent ainsi qu'à leurs conséquences immédiates et futures.

Si j'ai souhaité aborder ce thème qui peut paraître délicat, c'est parce que plusieurs années de consultations ouvertes au public m'ont convaincu du rôle majeur, central, de la perte dans les événements familiaux.

En effet, le deuil, et plus particulièrement le deuil non mené à son terme, est à l'origine de nombreuses difficultés ultérieures pour les membres de la lignée.

Une fois disparus, les parents et aïeux cessent-ils d'exercer une influence sur notre vie ? Apparemment non. L'attachement demeure profond quelles qu'aient été les relations qui nous liaient à eux.

Les secrets qu'ils ont emportés avec eux, l'âge qu'ils avaient au moment de leur disparition et les circonstances qui entourent celle-ci vont influencer le cours de notre trajectoire personnelle.

Leur disparition va également peser sur les générations suivantes. Les perturbations émotionnelles peuvent être durables et influencer l'état de notre santé tant au plan physique que moral.

Par ailleurs, et d'une manière symbolique, la parenté disparue peut également se manifester à nouveau dans notre vie (fantôme). Mieux vaut alors savoir identifier immédiatement ce phénomène pour ne pas en être troublé.

Illustré de nombreux exemples concrets, j'ai souhaité que cet ouvrage, sans nul doute novateur dans l'approche de son sujet, propose les éléments essentiels pour comprendre les effets, généralement insoupçonnés, qui sont liés à la disparition des membres de la parenté.

1re partie

La disparition de la parenté ; circonstances et conséquences

1.

Quand parents et aïeux disparaissent

Lorsque je recevais des patients et des patientes en consultation, que ce soit pour des difficultés professionnelles, des échecs sentimentaux, des problèmes de santé et/ou des sentiments dépressifs persistants, la première question que je formulais alors dans mon esprit est la suivante : *« Qui des membres de cette famille est mort dans les mois ou les années précédentes ? »*

Car de tous les événements familiaux la perte d'un parent est le plus grave, le plus bouleversant et celui dont les effets pourront se faire sentir des années durant.

La perte d'un être aimé constitue l'une des expériences les plus intensément douloureuses qu'un être humain puisse subir, mais on en méconnaît généralement l'importance.

La mort d'un membre de la famille est considérée comme l'un des événements les plus stressants auxquels les familles et leurs membres individuels doivent faire face. C'est une dislocation violente, immédiate et irrévocable dans la continuité de la généalogie.

Pour en estimer les effets, nous devons en premier lieu connaître l'histoire de notre famille d'origine car, sans cette connaissance approfondie de l'arbre généalogique, il est difficile d'établir des liens et des analogies entre la vie de nos ancêtres et la nôtre.

L'arbre généalogique n'est pas du passé, il est vivant en nous et le déroulement de notre existence peut être concrètement déterminé par l'histoire des générations qui nous ont précédé.

Si nous souhaitons comprendre cet « héritage invisible » car de nature psychique, il est fondamental d'établir notre arbre généalogique sur trois voire quatre générations et de nous intéresser aux histoires croisées des branches maternelles et paternelles sur une centaine d'années.

Pour nos nouveaux lecteurs et pour celles et ceux qui connaissent nos ouvrages, rappelons ici le tracé de l'arbre généalogique de base, soit quatre générations.

Celle de nos arrière-grands-parents, celle de nos grands-parents, celle de nos parents et la nôtre.

Dans tous les cas, il est important d'obtenir et de vérifier les dates de naissance, de mariage et de décès, puis de retracer le plus fidèlement possible les trajectoires matérielles, affectives, intellectuelles et professionnelles de chacun des membres de la famille.

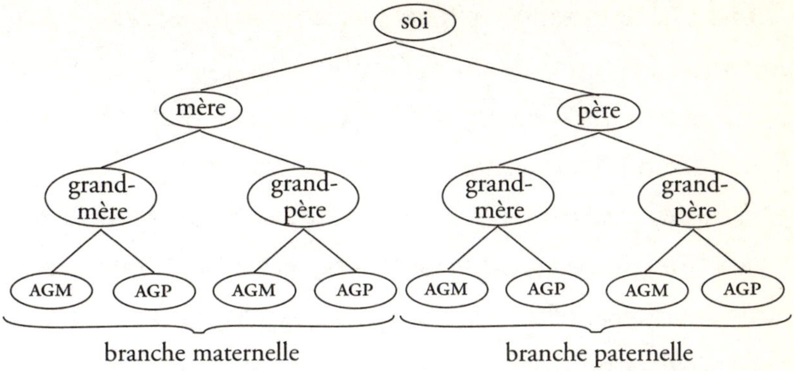

1. Arbre généalogique d'étude – les quatre générations

La parenté disparue demeure présente dans l'inconscient familial

En traçant l'arbre généalogique, nous constaterons que certains parents nous ont quittés depuis quelques années voire plusieurs décennies.

Cependant ce n'est pas parce que la parenté est décédée qu'elle cesse d'exister dans le psychisme des descendants.

L'onde de choc qui suit un décès et traverse la famille possède des effets qui peuvent s'exprimer parfois tout à fait inconsciemment sur une vaste période de temps.

Les parents et aïeux disparus restent vivants dans l'esprit de leurs descendants durant toute la vie de ces derniers et ils influenceront inconsciemment le devenir de plusieurs générations.

Dans un certain nombre de cas, peu fréquents il faut le reconnaître, la perte du père, de la mère, d'un frère ou d'une sœur, celle des grands-parents pourront être vécues normalement.

Il n'y aura pas de conséquences majeures et la vie pourra reprendre son cours.

Il est nécessaire pour cela que les liens avec la personne disparue aient été francs, authentiques et bienveillants, que les conditions dans lesquelles s'est déroulée sa disparition soient claires et que celle-ci n'ait pas emporté des secrets majeurs avec elle.

Ces différentes conditions, ainsi que nous le verrons au fil des différents chapitres, sont très rarement réunies.

Dans un premier temps, il aurait donc été nécessaire que les figures d'attachement (les parents proches qui sont disparus) aient été disponibles, emplies de sympathies et disposées à développer une représentation positive de soi-même comme susceptible de susciter l'amour et la confiance.

Ces sentiments positifs proviennent des expériences heureuses de l'enfance, des désirs d'amour, de soutien et de réconfort qui auront été satisfaits.

Ainsi que nous le précisions dans notre précédent ouvrage [1] : « Cela sous-entendrait que l'ensemble de la lignée soit alors composée de personnages parentaux solides, depuis les arrière-grands-parents jusqu'aux parents : la vie familiale y serait chaleureuse autour d'un couple parental réellement assorti et exprimant son amour.

1. Elisabeth Horowitz, *La Maladie, une mémoire généalogique. Comprendre son roman familial pour guérir*, Paris, Éditions Dervy, 2004.

Confiance, joie de vivre et solidarité s'exprimant entre les membres de la famille, il n'existerait aucune préférence affirmée entre les frères et sœurs.

La famille ferait preuve de la plus grande franchise envers ses descendants, ne cachant aucun élément délicat, l'expliquant au contraire dans tous ses détails. L'éducation serait libre et l'enfant très tôt soutenu et encouragé dans l'expression de ses talents ou d'une vocation principale.

Il existerait une disponibilité et un rôle de soutien positif de la part des grands-parents, oncles et tantes, voire des parrains et marraines, chacun apportant sa créativité et son soutien matériel et intellectuel à l'enfant, transmettant son expérience de la vie.

Il semblerait toutefois qu'après un examen attentif des comportements ce type de famille soit l'exception et non la règle. Il s'agit probablement d'une description d'un arbre généalogique idéal ».

En réalité, la nature des relations entre la personne en deuil et la personne qui meurt s'étend de l'intime et affectueux au distant et hostile.

Les premiers donnent lieu à des souvenirs réconfortants, les seconds à des souvenirs pénibles.

Car les sentiments vis-à-vis de la famille d'origine sont généralement ambivalents : hostiles et aimants *dans le même temps*. Le plus souvent, toutefois, le côté sombre et douloureux des relations intergénérationnelles est refoulé et l'idéalisation voire la défense de la cellule familiale sont mises en avant.

Cette naïveté entretenue dans le but d'embellir les travers les plus délicats vise à sécuriser le moi en l'autorisant à croire que la lignée dont il est issu ne comporte que des aspects positifs. Généralement, lorsque l'on a souffert dans sa famille d'origine, on souhaite défendre les membres de sa parenté, en affirmant qu'ils ont eu raison de se comporter de cette manière.

S'ils ont été faussement idéalisés, leur perte n'en sera que plus douloureuse.

Ce n'est d'ailleurs pas forcément leur perte qui est grave mais le fait que bien souvent la fonction parentale vraie n'a jamais réellement existé.

La perte définitive des parents enlève parfois tout espoir de voir un jour s'incarner pour soi une fonction parentale *vraie*, et c'est à ce vide existentiel que l'on doit faire face : si l'on n'a plus l'espoir de s'appuyer sur les parents pour exister, on peut alors avoir inconsciemment le souhait de disparaître avec eux.

S'il est vrai que l'attachement et la perte régissent les relations humaines, il est légitime d'être attaché à sa famille et à ses parents, encore faut-il que cet attachement soit la conséquence naturelle d'une relation chaleureuse, positive et aimante.

Si l'attachement est justement construit, alors la perte du parent n'entraîne pas de préjudice majeur. Mais, dans les autres cas, de quelle manière y était-on attaché ?

Défavorablement lorsque la perte du parent entraîne des complications dans la vie personnelle ou en termes de santé.

En excès lorsque par exemple la relation était possessive de la part du parent et que l'on en était dépendant, et lorsqu'il avait installé une préférence au détriment de ses autres enfants.

De manière insuffisante lorsque le parent se montrait indisponible pour soi, peu présent au foyer et dans les choix d'éducation, avare sur le plan financier.

Négative lorsque le parent était agressif, immature lui-même et avait interverti les rôles parentaux en laissant à son enfant des responsabilités d'adulte et le devoir de le protéger. *Destructrice* lorsque le parent était violent, abusif et irresponsable et n'avait pas subvenu aux besoins de sa famille tout en dépensant son argent ailleurs.

Dans tous les cas cités, la mort du parent entraîne une perte insurmontable en raison des besoins insatisfaits et des contentieux restés sans solution.

Ajoutons que s'il est parfois plus facile de se détacher d'ascendants peu agréables, introvertis et ne présentant que peu d'intérêt, il en va tout autrement de personnalités singulières, attrayantes et finalement dominantes.

C.G Jung nommait *mana* cette puissance subjuguante [2].

C'est le cas lorsque le parent disparu était plein d'humour, fantasque, amusant, original, et possédait une grande joie de vivre.

2. C. G. Jung, in *Dialectique du Moi et de l'inconscient,* chapitre IV, traduction française, Paris, Éditions Gallimard, 1964.

Parents et aïeux des branches maternelle et paternelle (disparus à ce jour)

Pour entrer plus précisément dans notre propos, demandons-nous dans un premier temps quels sont les membres de la branche paternelle qui sont disparus à ce jour.

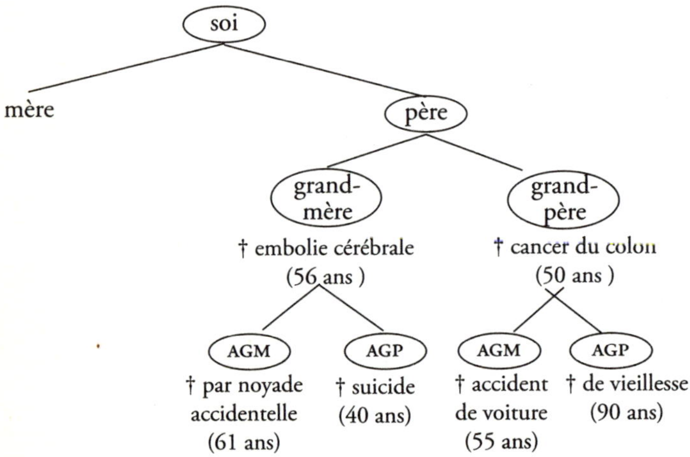

2. Exemple d'Arbre généalogique illustrant les membres de la parenté disparus dans la branche paternelle

Pour chacun d'eux, nous noterons les prénoms et nom de famille, sa profession, sa situation au moment du décès (marié, célibataire, veuf, divorcé) et bien évidemment sa date de naissance, de mariage et de décès, puis celle, très importante également, de son enterrement.

Pourquoi notons-nous la date d'enterrement de manière impérative ? Parce que, dans certains cas, plusieurs jours, voire des semaines peuvent séparer la date de décès de celle de l'enterrement en raison de la nature même du décès.

Les deux dates s'inscriront dans ce que l'on pourrait nommer l'inconscient familial et plus tard des événements importants pourraient survenir précisément à ces deux dates.

Nous ajouterons ensuite au schéma les natures et les circonstances des décès des parents et aïeux, de même que leur cause quand nous la connaissons.

Nous examinons ensuite la branche maternelle.

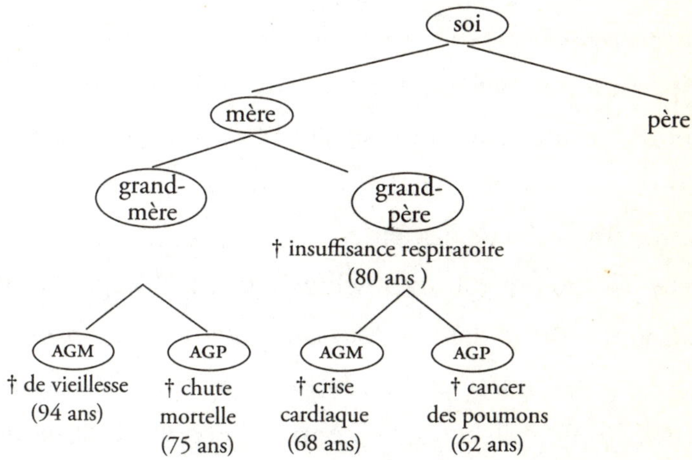

3. Exemple d'Arbre généalogique illustrant les membres de la parenté disparus dans la branche maternelle

De la même manière nous noterons leurs prénoms et nom de famille, leur situation (marié, célibataire, veuf, divorcé) et leur profession ainsi que leur date de naissance, mariage, décès et enterrement.

Le modèle familial de la réaction à la perte

Pour que la perte d'un parent – le terme « parent » est employé ici comme terme générique – ne demeure pas irrésolue, quatre conditions devraient être remplies.

Premièrement il nous faudrait connaître avec précision la nature et les circonstances de sa disparition, deuxièmement il nous faudrait savoir quels sont les secrets que la personne disparue a éventuellement emportés avec elle, troisièmement il nous faudrait connaître la cause exacte de sa disparition et enfin avoir analysé le genre de relations établies entre la personne disparue et soi-même.

Le psychologue John Bowlby précise : « Ce qui est impressionnant dans le deuil, c'est non seulement le nombre et la diversité des systèmes de réaction qui sont en cause, mais aussi comment ils tendent à entrer en conflit les uns avec les autres. La perte d'une personne aimée donne lieu non seulement à l'intense désir de la retrouver, mais aussi à un sentiment de colère que la personne soit partie et, par la suite, généralement, à un certain degré de détachement ; elle conduit non seulement à demander de l'aide, mais également quelquefois à rejeter ceux qui répondent. Il n'est pas étonnant que cela soit douloureux à vivre et à comprendre. »

S'il est fondamental que les processus de deuil se fassent, c'est parce que les liens non clarifiés peuvent affecter les relations entre les générations.

Les événements ultérieurs, comme l'indépendance des enfants et leur mariage, puis la naissance de leurs propres enfants, ne se passeront pas sans une certaine résistance. Les changements dans la structure familiale se feront moins faciles, en raison du déplacement du lien : il passera de la personne disparue à un autre membre de la famille, qui lui sera substitué.

Inversement, si la famille sait faire le deuil grâce à une acceptation ouverte, exprime de la tolérance et encourage l'expression des sentiments et pensées ambivalentes concernant le décédé, alors le processus de l'évolution familiale sera favorable. Le schéma mis en place au moment où survient une première perte apprendra aux membres de la famille à faire face aux pertes moins sévères telles que les séparations géographiques, les choix créatifs de la jeune génération ou l'entrée dans la maturité.

Les deuils déterminants

Les deuils qui vont être déterminants dans notre trajectoire personnelle sont les suivants :

1. Tout décès familial qui a eu lieu peu avant notre propre conception, durant la gestation elle-même ou peu après notre naissance.

Dans le premier cas, un décès familial peut avoir influencé notre conception : par exemple lorsque le père ou la mère de l'un de nos deux parents vient de décéder. Il existe alors un désir de combler la perte affective qui nous a valu d'être conçus.

Dans le second cas, le décès s'est produit durant les mois de notre gestation ; il existe alors une superposition exacte d'éléments qui sont opposés par nature : d'un côté le développement de la vie, de l'autre sa disparition.

Dans le troisième cas, le décès d'un membre de la famille se produit peu après notre naissance. Cette coïncidence naissance/décès est rarement le fruit du hasard [3]. Simplement, la naissance est un événement majeur qui opère des bouleversements inconscients au sein du groupe familial.

Dans les trois cas de figure cités, nos conception, gestation et/ou naissance sont concomitantes de la disparition d'un membre de la parenté.

En raison de cette synchronicité, nos recherches généalogiques s'intéresseront en priorité au parent disparu, aux raisons et aux circonstances de son décès.

2. Un autre deuil déterminant sera celui d'un membre de la parenté durant notre enfance. À ce propos, l'expérience d'un premier deuil familial est fondamentale.

Aussi tentera-t-on de se le remémorer étant donné qu'il constitue la pierre angulaire de la vie psychique. Générale-

3. Elisabeth Horowitz, *Se libérer du destin familial*, Paris, Éditions Dervy, 2000.

ment l'expérience d'un premier deuil dans la parenté survient lorsque arrière-grands-parents et/ou grands-parents disparaissent.

Lorsque leur attitude était protectrice et favorable, leur perte sera durement ressentie. Les circonstances mêmes de leur disparition et les paroles prononcées par la famille au moment de l'événement influeront sur la possibilité ou non d'accepter la séparation.

3. L'un des deuils les plus douloureux demeure celui d'un membre de la parenté (père, mère, grand-parent, oncle ou tante ou aïeul) qui était favorable au développement et à l'exercice de la vocation personnelle.

Les domaines concernés peuvent être le théâtre, la danse, la peinture, la sculpture, les sciences de la Nature, la décoration, la musique, le journalisme, l'écriture…

Soulignons que la vocation constitue un élément central dans le développement de l'être au sein de sa famille d'origine.

Un adolescent auquel on interdit implicitement ou explicitement l'accès à une vocation (que celle-ci soit artistique, sportive, scientifique ou autre) deviendra un adulte frustré et mécontent, privé de sens, voire dépressif.

Finalement, il s'opposera à sa famille d'origine et se montrera profondément hostile à tout sentiment filial.

C'est pourquoi, si par bonheur il a existé au sein de la parenté un adulte qui a soutenu et encouragé cette vocation, celui-ci devient de ce fait une figure centrale de l'arbre généalogique.

Ainsi un parent qui a soutenu la vocation, soit en assistant à des activités, soit en offrant l'argent d'une formation, ou qui a été l'inspirateur d'une confiance en sa propre créativité est – quel que soit son rôle dans l'arbre généalogique –, une personnalité de premier plan.

Sa disparition peut entraîner des réactions profondes dues à la perte d'un soutien inconditionnel qui autorisait l'expression du moi véritable.

4. La disparition de la parenté peut avoir des effets négatifs lorsqu'elle intervient en coïncidence avec un enjeu d'importance dans notre vie.

Prenons pour exemple un parent qui tombe malade et meurt au moment où son fils ou sa fille vient de s'engager dans une relation sentimentale sérieuse, un grand-parent qui décède au moment où sa petite-fille va se marier, un oncle ou une tante qui disparaissent alors que l'on s'apprête à passer un examen décisif pour sa propre carrière…

Dans ces cas, nous nous demanderons pourquoi la parenté a disparu à ce moment-là précisément, était-ce une ultime stratégie pour nous faire renoncer à un désir personnel de première importance, ou bien le signe que ce désir n'avait point d'avenir ?

Nous nous demanderons également en quoi nos choix auraient pu fragiliser la parenté, en concrétisant par exemple des désirs auxquels il lui avait été impossible d'accéder ? Seule une analyse minutieuse des enjeux généalogiques pourra nous éclairer à ce sujet.

Dans les quatre cas précédemment cités, la disparition d'un ou plusieurs membres de la parenté peut être déterminante pour le déroulement heureux de notre vie. Retracer leur existence dans le détail, s'intéresser aux causes et aux circonstances de leur disparition, voire aux secrets qui les entourent, s'avère indispensable à notre croissance personnelle.

2.

Secrets autour des disparitions familiales

S'il est particulièrement important que le deuil d'un membre de l'arbre généalogique puisse se faire complètement, *c'est aussi parce que celui-ci a pour fonction d'établir une séparation nette entre les vivants et les morts.*

Les secrets diffèrent et/ou empêchent le deuil

Si cette séparation n'est pas faite, nous verrons apparaître au sein du groupe familial (dans les années ou les décennies qui suivront l'époque du décès) certains troubles du comportement.

Les troubles les plus légers concernent les tendances colériques, agressives et/ou dépressives, une névrose d'échec, un asservissement à l'autorité, des attitudes masochistes ainsi que des tendances homosexuelles.

Les troubles les plus graves concernent les comportements violents (à la fois verbalement et dans les actes), sadiques et destructeurs.

Aussi, pour que le deuil puisse être entrepris, devons-nous nous intéresser à un élément fondamental, généralement sous-estimé : *la nature et les circonstances mêmes des décès familiaux.*

S'il est primordial de s'y s'intéresser c'est parce que ceux-ci recèlent de nombreux mystères pour la majorité d'entre nous.

Ce constat est devenu une évidence au fil des consultations et des années.

De nombreuses personnes ignorent encore véritablement *la nature et les circonstances exactes* des décès des membres de leur parenté (parents, oncles et tantes, grands-parents, voire frères et sœurs et conjoint), décès qui se sont produits depuis des mois, des années, parfois des décennies.

Par exemple, à propos du décès de leurs grands-parents les consultants en ignorent la cause exacte et quantité de détails qui s'y rapportent.

Dès que je les questionne de manière plus précise, leurs réponses deviennent générales, approximatives et pourraient convenir à bien d'autres familles.

Ce qui est singulier dans le déroulement de l'événement demeure inconnu.

Tant que l'on n'a pas fait toute la lumière sur ces événements fondamentaux, les deuils ne peuvent véritablement être entrepris.

Dès lors, la séparation entre monde manifesté (celui des vivants) et monde non manifesté (celui des morts) n'est pas efficiente.

Car, en raison des secrets, les morts participent encore à notre vie et peuvent même influencer celle-ci.

Une des conséquences est la stagnation des possibilités créatrices chez les descendants voire le déclin de celles-ci à la suite de deuils familiaux majeurs sur lesquels la vérité n'a pas été entièrement faite.

C'est la raison pour laquelle le présent chapitre exposera la nature des principaux décès familiaux ainsi que les conséquences liées aux circonstances dans lesquelles ils se sont déroulés.

Décès par accident

Lorsque les membres de la parenté ont trouvé la mort dans un accident, il est important de connaître tous les détails de celui-ci.

Généralement, en raison de la soudaineté de l'événement, certains éléments essentiels demeurent inconnus. Dans le cas où un parent serait mort dans un accident de voiture par exemple, *nous devons avoir le réflexe d'un questionnaire mental très détaillé* : où l'accident s'est-il produit ? (on sait que le lieu est un signifiant majeur dans le roman familial), de quel endroit le parent partait-il et où se rendait-il ? pour quelles raisons? (celles-ci sont-elles professionnelles, familiales, amicales, voire extra-conjugales ?) était-il accompagné ? si oui, par quelle(s) personne(s), que sait-on de celles-ci ?, comment l'accident s'est-il déroulé, le parent est-il responsable ? quelles ont été les parties du corps endommagées ? (on sait que les descendants et collatéraux peuvent ultérieurement reproduire des symptômes semblables, c'est la raison pour laquelle il est important de connaître la nature des blessures dans le détail), quels sont les témoins de l'accident ? existe-t-il un rapport de police à ce sujet (si oui, l'a-t-on obtenu ?)

On cherchera également à connaître l'âge précis du parent à l'époque de l'accident mortel (cet âge restera dès lors un âge sensible voire fragilisant pour ses descendants), de même que l'on s'informera sur ce qui se passait dans sa vie précisément à ce moment-là, (existait-il des événements familiaux et/ou personnels qui auraient pu être inconsciemment décisifs ?)

Voyons trois exemples issus des consultations ; tous trois concernent des jeunes femmes dont le père est mort d'accident (pour deux d'entre elles, il s'agit d'un accident de voiture et pour l'autre d'un accident d'avion) alors qu'elles étaient adolescentes.

Dans le premier cas, la consultante sait que son père est mort dans un accident de la route, mais elle n'était pas avec lui dans l'automobile, et ne sait pas précisément comment celui-ci s'est déroulé. Elle sait seulement qu'une voiture a coupé la route devant celle de son père et celui-ci, projeté vers l'avant, est mort sur le coup. Elle ignore l'identité du conducteur en faute (il serait pourtant essentiel de connaître son nom), de même qu'elle ignore tout du constat fait par la police à l'époque (que l'on doit impérativement demander dans ce cas). Elle n'a pas vu le corps de son père après son décès et n'a pas assisté à son enterrement.

Si la consultante est encore très affectée par la mort de son père, c'est à l'évidence parce qu'elle en sait très peu sur le décès de celui-ci.

Son témoignage est empli de généralités qui pourraient concerner tout autre accident analogue.

Elle n'a pas vu son père mort et n'a aucune représentation de l'état du corps de celui-ci. Je remarque qu'aujourd'hui la consultante connaît elle-même des problèmes corporels (surpoids).

Les détails de première importance demeurent ignorés, si bien que la conscience ne peut aller au-delà de l'événement. *Celui-ci demeure une pierre d'achoppement dans la psyché, élément irrésolu qui, n'en doutons pas, influencera négativement la relation ultérieure avec les hommes* (ce sera précisément le cas, le mari de la consultante la quittera brusquement lorsque leur fille parviendra à l'âge qu'avait la consultante au moment du décès de son père).

Le deuxième cas concerne une jeune femme dont le père est mort dans un accident d'avion alors qu'elle-même était adolescente. En mission militaire, celui-ci aurait perdu le contrôle du petit avion qu'il pilotait.

Au moment où je la reçois, la consultante n'en sait guère davantage.

Elle n'a pas vu le corps de son père car celui-ci est décédé à l'étranger.

Elle n'a jamais songé à demander le rapport militaire, élément que je lui demande aussitôt de se procurer auprès des services administratifs. Précisons que lorsqu'il est possible d'obtenir la copie d'un rapport officiel, il est absolument nécessaire de la demander. De nombreux détails se trouvent en effet consignés dans ces rapports, et les faits matériels y sont notés de manière objective.

Bien qu'ayant dépassé la trentaine, la consultante donne l'image d'une adolescente en colère et solitaire.

On sent bien que la disparition prématurée de son père a comme arrêté le cours normal de l'existence. Une partie du moi est demeurée fixée à la perte.

C'est la raison pour laquelle bien que des années se soit écoulées depuis l'événement, on doit pourtant y revenir.

C'est ce retour vers les zones d'ombre du passé qui permettra au sentiment et à la pensée de connaître de nouveaux développements.

Dans un troisième cas, il s'agit d'une consultante dont le père est mort lors d'un grave accident de la route. Son véhicule s'est encastré sous un camion si bien que le corps du père a été en partie écrasé.

Son état était tel que l'on a dissuadé la consultante de le voir lorsqu'elle s'est présentée à la morgue. Seul son beau-frère (le mari de sa sœur) a eu cette possibilité.

Dans ce cas, le fait de n'avoir pu voir son père a été plus que préjudiciable pour la consultante. Plusieurs années après l'accident, elle est proche du délire, s'est séparée de son mari et vit seule dans un état d'angoisse préoccupant.

Précisons que ces états confus se présentent lorsque le corps du parent a été grièvement blessé, voire méconnaissable et plus grave encore lorsque l'on ne peut en avoir aucune représentation.

Il semblerait qu'il existe une corrélation étroite entre l'intégrité corporelle du défunt et l'intégrité psychique ultérieure des descendants.

Dans ce cas précis, l'état de la patiente s'est aggravé lorsque sa sœur s'est séparée de son époux ; remarquons que celui-ci était le seul à détenir une dernière image du père ; sa présence au sein de la parenté était en ce sens fondamentale.

J'ai demandé à la consultante de prendre à nouveau contact avec son beau-frère afin d'obtenir tous les détails se rapportant au père, ce qu'elle n'avait jamais osé lui demander jusqu'alors. Ainsi, celui ou celle qui détient la dernière vision du mort ou a pu entendre ses derniers mots est soudain perçu différemment par l'entourage familial.

Sur lui ou elle peuvent se concentrer les affects familiaux (positifs lorsque le décédé était aimé, négatifs lorsque son décès était secrètement souhaité).

Les changements d'attitude à son égard en feront la preuve.

Les décès par accident ne se rapportent pas uniquement aux automobiles, des accidents d'un autre type peuvent survenir.

Dans un précédent ouvrage [1], je rapportais le cas du frère aîné du Président Kennedy. Celui-ci était le préféré de leur

1. Elisabeth Horowitz, *Sous l'influence du destin familial. John F. Kennedy et les programmations secrètes de l'arbre généalogique*, Paris, Dervy, 2003.

père ; durant la Seconde Guerre mondiale, il trouva la mort dans un accident d'avion lors d'une mission militaire secrète au-dessus des côtes de la Manche (son appareil, dont les circuits étaient défectueux, explosa en vol).

Le destin des enfants Kennedy s'en trouva bouleversé, d'autant plus que Joe Kennedy fut porté disparu (son corps ne fut jamais retrouvé). Son frère John dut alors se substituer à lui pour concrétiser les grandes ambitions de leur père.

Cet exemple montre comment le décès prématuré d'un des membres de la fratrie peut détourner le cours normal de l'existence pour certains de ses frères et sœurs.

Avec l'exemple suivant nous allons constater que l'accident mortel d'un parent peut déclencher toute une série d'accidents ultérieurs chez les descendants. Écoutons le témoignage de Rosalie, une consultante : « Mon père a eu deux graves accidents dont un mortel. La veille de son accident j'en ai eu un moi-même sans gravité, mais deux ans après j'ai été renversée par un car : ça a failli me coûter la vie ; trois ans après, à la même date à peu près, j'ai eu un autre accident sans gravité, c'était un accident matériel, et plusieurs années plus tard, j'ai eu moi-même un accident qui a failli me coûter la vie et celle de l'enfant que je portais ; mon frère a eu un accident de voiture dont il a réchappé mais qui l'a handicapé, j'en ai eu un autre moi-même, et ma tante, la sœur de mon père, est décédée comme lui dans un accident. »

Au cœur de ce phénomène de répétition existe un deuil non fait, celui du père.

Nous découvrirons grâce à l'enquête familiale que, dans la réalité, au moment même de son accident, il voulait quitter sa famille pour partir avec sa maîtresse.

La tante paternelle était elle aussi dans un choix intime lors de son accident de la route. Pour cette famille, l'impossibilité de choisir conduit à une impasse et l'accident survient. Pour mettre un terme à ce processus de répétition, l'analyse se portera sur le couple des parents, la maîtresse du père et les choix de vie des générations précédentes.

Décès consécutifs à la maladie

Dans le cas de décès consécutifs à une maladie, là encore bien des mystères demeurent. La plupart du temps, en effet, on ne saurait dire ce qu'il en est du véritable diagnostic établi par les médecins tant au sujet de la maladie elle-même que du décès. Les maladies dont ont souffert les parents, les oncles et tantes, grands-parents et aïeux ne sont pas toujours évoquées dans leur entière vérité [2].

De quoi souffrait réellement la parenté ? Voici une question fondamentale à laquelle les membres de la famille eux-mêmes apportent des réponses parfois distinctes. Dès que les membres de la famille ont une interprétation différente des événements, il s'agit d'un indice qui doit nous laisser penser que

2. Élisabeth Horowitz, *La Maladie, une mémoire généalogique. Comprendre son roman familial pour guérir*, chapitre 4, Paris, Éditions Dervy, 2004.

des doutes subsistent. En fait, personne n'est véritablement certain de leur déroulement, et il en est de même lorsque les parents se montrent trop affirmatifs.

Dans l'idéal, il faut pouvoir interroger plusieurs membres de la famille afin d'obtenir une vision globale. C'est celle-ci qui permettra de mettre en exergue ce qui, en réalité, est ignoré. Car une seule personne n'est pas en mesure de détenir l'entière vérité sur l'histoire familiale.

Chaque membre de la famille n'en détient que quelques éléments qui ne correspondent pas forcément avec ce que les autres savent.

Lorsque l'on va interroger les membres de la famille, tout détail doit être noté avec la plus grande attention. Si cela n'est pas entrepris, les infimes éléments d'une conversation ne seront pas mémorisés et des informations essentielles seront peut-être perdues. D'autre part, la relecture des notes permet d'établir des liens ultérieurs entre des personnes et des événements, voire de découvrir des secrets.

Bien des maladies sérieuses sont passées sous silence. Citons le témoignage récent d'une consultante : « Ma mère a été hospitalisée mais je ne l'ai appris qu'au tout dernier moment. Jusqu'à cette décision d'une opération, ni mon père ni la famille de ma mère ne m'avaient prévenue que celle-ci était sérieusement malade. Durant des mois, alors qu'elle allait consulter son médecin, je n'ai pas été tenue au courant, c'était, m'ont-ils dit après coup, "pour me protéger alors que je venais de commencer un nouveau travail". Bien évidemment cela n'a servi à rien et c'est même le contraire qui s'est produit, je n'ai pas gardé mon travail certainement en raison de cette coïncidence entre la maladie (gardée secrète) et mon début d'activité professionnelle.

Même après l'opération ma mère ne m'a jamais dit qu'elle souffrait d'un cancer au sein. Le mot n'était jamais prononcé, la gravité du mal jamais évoquée. On parlait discrètement d'un kyste au sein qu'il fallait enlever. »

Cette histoire est loin d'être exceptionnelle ; dans de nombreuses familles, en effet, la gravité de certaines maladies est passée sous silence (avec la complicité du corps médical), si bien que les descendants ne savent pas précisément de quoi la parenté a souffert : *ils courent alors le risque de reproduire leurs symptômes pour en devenir conscients avec tous les dangers vitaux qui y sont associés (répétition).*

Les secrets majeurs concernent la mort elle-même. Précisons que dans les hôpitaux l'euthanasie passive existe. Bien des malades en phase terminale – ou considérés comme tels par la médecine – meurent après une injection (après simple augmentation de la dose de produit[3]). Écoutons le témoignage d'un jeune homme : « J'ai su après la mort de ma mère que celle-ci avait été aidée à mourir par le corps médical, bien que ni elle ni aucun membre proche ne l'ait demandé à cette époque. En fait, nous n'en avons rien su. »

3. Il s'agit d'une dose élevée de morphine ajoutée à des anxiolitiques et à des hypnotiques puissants. Ce mélange entraîne le décès par dépression cardio-respiratoire.

Ce qui est très grave, c'est que ces faits demeurent cachés (même s'ils se justifient parfois au plan médical). Toute atteinte corporelle subie contre la volonté du parent disparu forme un secret extrêmement préjudiciable pour la lignée.

C'est la raison pour laquelle on peut être tourmenté (sans raison apparente) après le décès de la parenté. il ne faut pas s'étonner si l'on se met à souffrir d'insomnies, d'angoisse diffuse voire de peurs irraisonnées.

Tant que tout n'est pas complètement révélé, on demeure lié à l'événement sans pouvoir en identifier la raison exacte.

Décès d'enfants

Par le passé, de nombreux nourrissons, enfants en bas âge ou adolescents, mouraient prématurément en raison de la propagation des épidémies (et du manque d'hygiène). Les cas les plus fréquents concernent les décès dus à la grippe espagnole ainsi qu'à la tuberculose.

Dans ces cas, il sera très utile de savoir comment la maladie s'est déroulée, et si la cause du décès est réellement celle que l'on prétend.

Il est également important de comprendre pourquoi tel enfant a été concerné et pas un autre. *La mort d'un enfant, même si elle a des causes extérieures évidentes, se produit sur un terrain fragilisé : soit l'enfant n'avait pas été souhaité, soit il occupait une place délicate au sein de sa fratrie (par exemple celle d'un enfant mort à la génération précédente), soit on lui avait attribué le prénom d'un parent mort avant sa naissance.*

Parfois également le bébé ou le jeune enfant est laissé sans surveillance. Si bien que des accidents surviennent : l'enfant tombe, se blesse, se brûle. Dans certains cas il meurt après être tombé dans un bassin, après avoir imprudemment traversé la chaussée, après une grave chute de bicyclette...

Un infanticide peut également avoir été dissimulé.

On doit y penser surtout si l'enfant mort en bas âge ne possède pas de tombe.

Dans son ouvrage récemment paru [4], Martine Quesnoy-Moreau cite le cas d'un couple dont l'épouse est enceinte. Quelque temps après l'accouchement, considérant qu'ils n'ont pas les moyens financiers de l'éduquer, ils noient l'enfant dans un lavoir. Le couple racontera à leur fille aînée que l'enfant (une fille) est décédée de maladie.

Outre l'enquête concernant les enfants décédés en bas âge, nous devrons nous informer sur les avortements qui ont eu lieu dans la famille, que ceux-ci soient naturels ou bien provoqués.

Si cette recherche est importante, c'est parce que toute conception est un acte de création.

Dans ce sens, un avortement caché peut inhiber l'évolution d'autres membres de la famille, surtout lorsque l'on s'est débarrassé du fœtus sans autre formalité.

---

4. Martine Quesnoy-Moreau, *Secrets intimes, Secrets de famille*, Lyon, Éditions Chronique Sociale, 2003, p. 66.

Car, dans tous les cas, un enterrement – même symbolique – est nécessaire.

Signalons qu'il n'est pas du tout anodin d'être conçu après un ou plusieurs avortements cachés. Nous avons recensé plusieurs cas pour lesquels cette situation était devenue pathogène.

Décès dus à une crise cardiaque et/ou à une hémorragie cérébrale

Dans ces deux cas le décès est d'autant plus douloureux qu'il est inattendu.

Contrairement à la maladie grave et dégénérative on n'a pas pu s'y préparer.

J'ai en mémoire le cas d'un consultant qui était encore un enfant lorsque son père est mort d'une crise cardiaque (il avait sept ans).

Le père, un chef d'entreprise surmené dont les affaires allaient mal, est mort subitement alors que ses trois enfants étaient encore en bas âge.

Encore très jeune, le consultant n'a pu avoir une claire conscience de cet événement au moment où il s'est passé. Aujourd'hui, il ignore tout du drame. Il ne sait pas dans quelles conditions la crise cardiaque s'est déroulée, il ne sait pas si son père est mort immédiatement ou après avoir été transporté à l'hôpital, ni si son père a pu prononcer quelques mots avant de mourir (et s'il l'a pu, quels étaient-ils ?), pas plus qu'il ne connaît le contenu réel de son testament aussi bien en ce qui concerne ses affaires (on s'informera en premier lieu de tout ce qui se rapportait aux finances) que sa famille. Il sait simplement que son père est mort le jour anniversaire de la naissance de son meilleur ami et collaborateur (qui est devenu par la suite le second mari de la mère...). Ce simple énoncé suffit à laisser supposer bien des zones d'ombre *que le consultant aura grand intérêt à découvrir, étant donné qu'il parvient lui-même à l'âge qu'avait son père au moment de son décès.*

S'il est important de faire toute la lumière sur le passé et les causes de décès des parents et aïeux, c'est aussi pour éviter leur résurgence une génération plus tard, au même âge.

Voyons un autre cas : il s'agit d'une jeune femme dont le père est mort d'une crise cardiaque lorsqu'elle-même avait une vingtaine d'années.

Elle vient consulter à propos de difficultés sentimentales répétées. Le père, un énergique chef de secteur dans une grande administration française, était une personnalité dominante et également un grand fumeur.

Sa famille savait que sa dépendance au tabac pouvait provoquer un arrêt cardiaque. Par contre, ce qu'elle ne savait pas, c'est qu'il allait mourir lors d'un rendez-vous galant avec sa maîtresse attitrée (qui portait d'ailleurs le même prénom que l'épouse légitime). Ce fait avait été caché aux enfants qui ignoraient tout de la double vie de leur père. Sa fille (notre consultante) ne l'apprendra qu'au cours de l'analyse par la rencontre inopinée avec une collègue de travail de son père qui lui racontera tout, le scandale ayant été rendu public en raison d'un constat de police réalisé sur le lieu du décès.

Le secret qui entoure les véritables conditions dans lesquelles le père a trouvé la mort est le fil conducteur qui va nous permettre d'accéder à d'autres secrets.

Ils se rapporteront à sa vie sexuelle et sentimentale, c'est-à-dire à sa maîtresse (celle-ci pouvant incarner l'idéal féminin caché du père, détail très important lorsque l'on est sa fille), puis à toute une série d'informations concernant la durée de sa liaison et l'existence (éventuelle) de demi-frères et sœurs illégitimes.

Dans un autre cas, il s'agit d'une consultante dont la grand-mère est décédée d'une hémorragie cérébrale. La mort avait été soudaine. Comme il n'y avait aucun antécédent médical, jamais la famille n'avait envisagé un décès dans de telles conditions. Jusqu'à son arrivée dans mon cabinet, la consultante n'avait jamais su exactement ce qui était arrivé à sa grand-mère : ses parents avaient en effet prétendu de façon mensongère qu'elle s'était éteinte dans son sommeil. Il faudra des recherches auprès d'un oncle pour que la consultante apprenne enfin la vérité sur sa disparition.

Lorsque la famille prétend que le parent disparu est mort durant son sommeil, on devrait se sentir interpellé par cette circonstance. Certes les décès durant le sommeil existent, mais il faut savoir que leur mention par la famille permet souvent de masquer d'autres causes difficilement avouables.

Suicides

Des conditions de vie difficiles peuvent pousser un membre de la famille à se suicider. Le suicide démontre que plusieurs éléments additionnés, à la fois collectifs, familiaux et personnels, sont intervenus de manière négative.

Au niveau collectif, les conditions défavorables du milieu ambiant, les limites posées par le milieu social et les éventuels traumatismes historiques jouent en l'occurence un rôle déterminant dans la consolidation ou la fragilisation de la personnalité.

Au niveau familial, des parents désunis, indifférents voire hostiles, la préférence pour d'autres frères et sœurs et les carences éducatives aggravent cette situation.

Enfin, certains événements personnels sont déclencheurs : une perte d'emploi, une rupture sentimentale de première importance, un divorce, une séparation d'avec ses enfants, de graves difficultés financières, la perte du père, de la mère voire d'un frère ou d'une sœur dont on était particulièrement proche.

Par le suicide, on échapperait ainsi à des souffrances dues à un manque d'estime de soi, à des déceptions renouvelées, à un sentiment d'insécurité tant au niveau matériel qu'intellectuel. Tension, angoisse et haine se conjuguent alors pour bloquer toute possibilité de trouver des solutions.

Habituellement certains signes avant-coureurs apparaissent : dépression sévère, perte du sommeil et de l'appétit voire perte de poids, désintérêt social, apathie, intense fatigue qui peut être accompagnée de sentiments de désespoir, de persécution et/ou de panique. Des mouvements d'hostilité, de colère, des manifestations de désorientation deviennent manifestes et sont perçus par l'entourage.

Mais le désir de suicide peut également être latent et s'exprimer de façon indirecte, par exemple dans des situations où la prise de risques est inconsidérée, dans les sports dangereux et les dépendances sévères (alcool, tabac).

Dans ce cas il sera plus difficile à l'entourage de considérer ces conduites comme un désir non verbalisé de mettre fin à sa vie.

« Avec un aussi grand potentiel de reproches et de culpabilité, il n'est pas surprenant que la mort par suicide donne lieu à une suite psychopathologique désastreuse atteignant non seulement les survivants immédiats mais également leurs descendants », écrit John Bowlby dans son ouvrage consacré à la perte [5].

C'est la raison pour laquelle, peut-être plus que pour toute autre situation, l'enquête auprès du conjoint, de la famille et des proches doit être poussée le plus loin possible.

De nombreux secrets entourent généralement les cas de suicide : citons comme exemple le cas de cette jeune femme à qui sa famille a toujours affirmé que son père était mort d'une rupture d'anévrisme au cerveau ; en fait, il s'était défenestré.

---

5. John Bowlby, *Attachement et perte*, volume III, traduction Française, Paris, Editions Presses Universitaires de France, 1984.

Je ne l'ai pas appris par la jeune femme mais par sa mère qui venait également en consultation à la même époque et qui continuait à dissimuler la réalité à sa fille, arguant « qu'elle ne pourrait jamais lui avouer que son père avait volontairement mis fin à ses jours »... Depuis des années la jeune femme était dépressive, et ne parlons pas de sa relation catastrophique avec la gent masculine, relation qui s'interrompait sitôt passée la première rencontre.

La fausse information conduit à une impasse psychique.

Le danger réside dans le fait que l'on peut ressentir soi-même par la suite des pulsions suicidaires pour remettre inconsciemment en scène la mort du parent.

On ne se libérera de la dépression latente et de futures déceptions sentimentales qu'en recherchant et en découvrant les véritables circonstances de la mort du père. *Cet exemple démontre qu'en aucun cas on ne doit croire sur parole les assertions familiales à propos des décès. Les mensonges sont fréquents, les détails erronés. Toute information doit être étudiée avec le plus grand soin et les témoignages d'autres membres de la famille doivent être recoupés entre eux.*

Un consultant qui avait souffert de graves troubles dépressifs et d'échecs répétés dans ses relations sentimentales me racontait que dix ans auparavant sa mère s'était – elle aussi – défenestrée. Son suicide inattendu avait placé le consultant dans une situation particulièrement difficile : non seulement sa mère s'était montrée régulièrement hostile envers lui, mais son geste prouvait de manière définitive son désir de s'abstraire de ses rôles d'épouse et de mère.

Cet exemple est particulièrement grave : d'une certaine manière, en effet, la mère inflige un constat d'échec à son fils et démontre en même temps que la vie ne vaut pas la peine d'être vécue.

Dans un tel cas, le suicide de la mère est ressenti comme une agression ultime ; il ne devient possible de la rejoindre qu'en développant des tendances destructrices vis-à-vis de soi et du monde extérieur.

On ne s'étonnera pas que, plus tard, les relations avec les femmes soient sources de mésaventures et de déceptions.

Retraçons le cas d'une consultante qui avait dix ans lorsque sa mère s'est suicidée par pendaison. Cet événement profondément bouleversant n'a jamais pu être dépassé par la consultante ; lorsqu'elle vient me voir pour la première fois, elle a plus de quarante ans passés, demeure solitaire (célibataire et sans enfant) et dépressive.

Si le deuil ne peut être fait, c'est parce que la consultante ignore encore ce qui a poussé sa mère à accomplir un tel geste.

Elle ne saurait dire si sa mère était malheureuse (et si oui pour quelles raisons ?), pas plus qu'elle ne connaît la nature des relations qui liaient ses parents à l'époque. C'est pourquoi il est impératif d'aller interroger le père afin de connaître la genèse de la formation de son couple (la rencontre avec la mère de la consultante, leur mariage à tous deux, leurs relations après plusieurs années de vie commune, ainsi que, peut-être, d'éventuelles liaisons extra-conjugales).

On interrogera ensuite avec beaucoup de précision la personne qui a découvert le corps (ici il s'agit de la grand-mère maternelle), puis tous les autres témoins éventuels ainsi que tous les membres de la parenté, mais séparément : beaux-frères et belles-sœurs, grands-parents, témoins du mariage des parents, leurs amis intimes, relations et collègues de travail.

À l'époque du drame, la consultante était trop jeune pour entreprendre ce vaste tour d'horizon familial, d'autant plus que de façon générale les enfants ne sont pas correctement informés et qu'on leur impose le silence sur ce genre de tragédie.

Dans les cas de suicide, il est fondamental de connaître comment la personne s'est suicidée (en ouvrant le gaz, par pendaison, avec une arme à feu, en s'ouvrant les veines, en sautant dans le vide…)

À l'âge adulte les recherches s'avèrent indispensables si l'on souhaite dépasser l'événement dramatique et les programmations négatives qui en découlent.

Décès en hôpital psychiatrique

Habituellement, lorsque les causes des décès sont sources de honte, elles sont passées sous silence voire falsifiées. L'ensemble de la famille reste évasif, et ne mentionne jamais l'aïeul(e) ou le parent décédé.

La mort d'un parent dont on ignore tout doit donc laisser suspecter un décès que l'on considère comme non naturel, avilissant ou encore mystérieux.

C'est ainsi que le père d'une consultante ne parlait jamais de sa propre mère (la grand-mère paternelle). S'il ne l'évoquait jamais, c'est parce qu'il voulait absolument cacher à ses enfants la façon dont elle était morte : après la Seconde Guerre mondiale, elle avait été internée, encore jeune, en hôpital psychiatrique et était morte peu après.

Plus le secret porte atteinte à l'image idéale de la famille, plus il est maintenu avec force au cours du temps.

La consultante n'a découvert ces circonstances que tardivement, par l'intermédiaire d'un autre membre de la famille, mais elle ignore toujours si l'internement de son aïeule était réellement nécessaire ou relevait d'une décision arbitraire, elle ne sait pas non plus combien de temps sa grand-mère a été enfermée à l'asile ni quels traitements elle y a subis.

Or, lorsqu'elle était enfant, la consultante, qui était parfaitement saine, a été placée dans une institution spécialisée pour enfants considérés comme inadaptés.

Ce placement – qui rappelait celui de sa grand-mère – constituait une répétition inutile qui aurait pu être évitée si les parents avaient ouvertement parlé des circonstances du décès.

Toutefois il n'est pas certain qu'ils les connaissent eux-mêmes de façon précise tant on ignore ce qui se passait exactement au sein des établissements psychiatriques au milieu du XXe siècle.

Par exemple, des séances d'électrochocs peuvent avoir entraîné une atteinte cérébrale. Pour le savoir il est nécessaire de lire les témoignages d'anciens internés.

En l'absence de témoignages familiaux directs, le seul moyen d'envisager ce qui s'est réellement passé est de lire ce qui émane de la collectivité, c'est-à-dire les récits détaillés de celles et ceux qui ont vécu des situations de même nature.

Ainsi la pensée pourra-t-elle faire sien l'événement passé en traitant les informations obtenues et élaborer ses conclusions propres.

Lorsque l'on parvient à un juste regard sur ce qui s'est passé, des confirmations peuvent être alors suggérées par les rêves (qui demeurent la voie royale d'expression de l'inconscient), de même que par des synchronicités éclairantes dans la vie quotidienne.

Décès lors du mariage, lors de la grossesse ou lors de l'accouchement

Ces situations sont particulièrement graves car elles associent la mort à des événements considérés comme très heureux, c'est-à-dire le mariage, la grossesse et la naissance. Des hommes ou des femmes qui meurent durant leurs fiançailles, le jour de leur mariage ou durant leur voyage de noces, ce n'est pas si rare. Dans ces cas, outre le comment, *on doit se poser la question du pourquoi.*

Le pourquoi trouve sa réponse dans les générations précédentes : soit que certains mariages aient été conclus sous la contrainte et se soient révélés malheureux, soit que les grossesses aient été mal vécues et les enfants non désirés. On a en quelque sorte « forcé » la nature en imposant des alliances sans amour et des gestations obligatoires ; les descendants vont alors se trouver confrontés à des impossibilités, échos des sentiments réels refoulés par leurs aïeux.

N'oublions pas que l'union de deux êtres devrait être un acte sacré, de même que l'enfantement. En aucun cas, on ne doit sous-estimer l'impact que leur déroulement aura sur les générations futures.

On ne doit pas non plus oublier la façon dont les événements se sont passés car s'ils concernent des milliers d'êtres, aucun ne les vivra exactement de la même manière et chaque histoire sera singulière. C'est cette singularité qui nous permet de nous soustraire aux généralités et qui démontre notre unicité.

C'est également dans la singularité de chaque situation que résident les solutions.

Les décès des arrière-grands-mères, grands-mères ou mères durant leur grossesse ou lors de l'accouchement doivent être immédiatement pris en compte comme un élément central du Roman Familial. Ces décès mettent en jeu l'avenir même de la filiation tant les descendantes peuvent redouter à leur tour d'être enceintes.

Une enquête minutieuse doit être entreprise qui conduira à analyser l'âge des parentes au moment de leur décès, leur situation (célibataires, mères-filles, mariées, remariées, divorcées ou veuves) de manière à découvrir les éventuelles résistances inconscientes à donner la vie.

Vues de l'extérieur, ces situations se présentent comme des accidents dus à la malchance ou à des conditions délicates. *L'inconscient y joue pourtant un rôle déterminant et leur survenue n'est pas due au hasard.*

J'ai reçu en consultation une jeune femme enceinte qui souhaitait avorter.

Son histoire généalogique justifiait ce désir. En effet deux de ses aïeules étaient mortes lors d'un accouchement, ce qui m'a permis d'établir le lien décisif entre le passé et la situation présente.

En réalité, la consultante avait peur d'accoucher.

Dans ce cas, le récit de ce qui s'est exactement passé autrefois est indispensable pour se dégager des modèles négatifs. C'est ce que nous avons entrepris dans l'analyse ; le travail que nous avons accompli ensemble a convaincu la patiente de mener sa grossesse à son terme et d'accoucher normalement d'une petite fille.

Enfin, certains décès posent des problèmes très délicats (car ils sont source d'opprobre pour les membres de la famille) : je pense aux avortements provoqués, le plus souvent clandestins, qui se sont soldés par une mort tragique.

Décès par noyade

Les décès par noyade nécessitent eux aussi une enquête approfondie.

Outre le cas d'un aïeul ou d'un parent péri en mer en raison de sa profession (marin, pécheur), il s'agit de distinguer les causes de l'accident : le parent s'est-il noyé en raison de forts courants dans l'océan ? le bateau sur lequel il se trouvait a-t-il connu un naufrage ? a-t-il été victime d'une hydrocution ? savait-il nager ou ne savait-il pas ? a-t-il été victime d'une crise cardiaque ou d'une autre maladie ?

Mais il peut également s'agir d'une pulsion suicidaire. Le noyé a pris des risques inconsidérés), ou bien encore d'un acte de malveillance (il a été poussé d'un pont ou n'a pas reçu l'assistance d'un proche au moment de la noyade).

Si la généalogie personnelle comporte un décès par noyade, outre le fait que certains descendants peuvent redouter de se baigner et avoir peur de l'océan, il faudra préciser quelles ont été les circonstances réelles de la disparition.

Dans les consultations où de nombreux cas de noyade m'ont été soumis, j'ai constaté qu'à chaque fois les descendants connaissaient bien peu de choses sur les détails de l'événement.

Certes, on sait que le parent a perdu la vie dans l'eau, mais on ne sait ni comment ni pourquoi. Sans autres précisions, on ne peut élaborer correctement le deuil.

Le danger d'une répétition existe également : je pense à cet homme qui avait été victime d'un accident de plongée, sans se rappeler que son grand-père paternel était mort noyé cinquante ans auparavant.

On devrait pourtant avoir conscience qu'il existe un risque potentiel lorsque l'on entreprend des activités de même nature que celles d'un ascendant direct qui ont un lien avec la mort de ce dernier. Le risque est augmenté par la méconnaissance du passé, car celle-ci peut conduire à la répétition de la scène originelle quelques années ou décennies plus tard.

À l'inverse, le risque diminue puis disparaît à mesure que l'on connaît les faits antérieurs dans tous leurs détails, c'est-à-dire dans leur singularité.

Chaque situation est unique et c'est cette singularité qui va forger la destinée d'une lignée. Je pense par exemple à cette consultante d'origine américaine dont le grand-père maternel voyageait à bord du *Titanic* et a péri noyé dans le fameux naufrage en 1912, … au mari d'une consultante que l'on a retrouvé dans un fleuve plusieurs semaines après sa disparition, sans savoir s'il s'était volontairement jeté d'un pont ou si quelqu'un l'avait poussé, … à la grand-tante d'une consultante retrouvée morte noyée juste après son mariage alors qu'elle venait de découvrir les infidélités de son époux, … à ce père de famille se baignant dans les eaux tranquilles de l'Adriatique victime d'un arrêt cardiaque après un bon repas, et enfin au fils de John F. Kennedy retrouvé au fond de l'océan plusieurs jours après l'accident de son avion en 1999 [6].

Dans tous ces cas les descendants doivent préalablement établir un questionnaire très détaillé avec lequel ils iront interroger

6. Elisabeth Horowitz, *Sous l'influence du destin familial. John F. Kennedy et les programmations secrètes de l'arbre généalogique*, Paris, Editions Dervy, 2003.

tous les membres de la famille ainsi que les éventuels témoins de la scène du drame.

Décès dans le cadre de l'activité

Prenons pour exemple un père mort des suites d'un accident du travail (il est tombé d'un échafaudage). Une tante infirmière contaminée sur le lieu de son travail, (c'est-à-dire à l'hôpital), un grand-père ouvrier écrasé par une chute de pierres, un oncle marin qui a péri en mer, un grand-oncle représentant décédé durant l'une de ses tournées…

Outre les circonstances précises qui, dans tous les cas, restent à déterminer, on se demandera pourquoi le parent a trouvé la mort au sein de son activité.

Cela nous amenera à effectuer une enquête sur les trajectoires socioprofessionnelles de la famille et sur la reproduction des logiques de classe.

Il se peut que les études et le travail aient été imposés et non pas choisis comme cela arrive souvent. Ainsi mourir au sein du travail n'est pas sans signification.

Cela peut vouloir dire soit que l'on se dévouait corps et âme à son activité (au détriment de sa propre famille), soit au contraire qu'on la subissait en souffrant des contraintes qui lui étaient liées (hiérarchie, horaires et salaire).

Les descendants seront influencés par cette association décès/travail. Dans le meilleur des cas, ils éviteront tout travail déplaisant. Ils iront directement à leur vocation.

Morts en mission militaire, en exil ou en déportation

Ainsi que nous l'écrivions dans notre précédent ouvrage [7] : « Notre arbre généalogique, dans son ensemble, est victime de graves traumatismes qui débordent le cadre de la vie familiale. Les décisions politiques majeures, les guerres et les crises économiques vont laisser des traces très profondes, des traces psychologiques, corporelles et intellectuelles.

Il existe une réelle violence d'ordre politique, celle qui va décider de faire participer à une guerre des milliers voire des millions de personnes dans le cadre de combats idéologiques illusoires. C'est la raison pour laquelle *des comportements déviants et des problèmes de santé se manifestent chez les descendants de celles et ceux qui ont été intensément soumis à la peur, la faim, au désespoir, ou au danger de mourir prématurément* ».

Ce sont les intenses sensations de peur et de terreur qui semblent être à la base des problèmes de santé qui vont apparaître à la génération suivante. Il semblerait que ces terreurs soient mémorisées dans ce que l'on pourrait nommer l'inconscient familial ou celui de la lignée. Cela pourrait expliquer que les descendants de ceux qui ont subi cette

7. Elisabeth Horowitz, *La Maladie, une mémoire généalogique*, Paris, Éditions Dervy, 2004.

terreur puissent en porter les stigmates psychiques sans être véritablement informés des graves événements qui se sont déroulés avant leur naissance.

Très précisément, lorsque les ascendants ont combattu durant des années (guerre de 14/18 et 1939/45 ou encore d'Indochine et d'Algérie), *ce qu'ils ont vu, ce qu'ils ont subi – et ce qu'ils ont dû faire souvent malgré eux – poursuit les descendants tel un cauchemar récurrent.*

Pour tous les troubles psychiques (insomnies, anxiété, dépression, psychose…), on recherchera en priorité quels sont les ascendants qui ont pu être engagés dans les combats ou y être tués (parfois sans que leur corps ait été retrouvé ou identifié).

Dans les cas de schizophrénie, par exemple, on retrouve très souvent un grand-père ou arrière-grand-père tué au combat (qui a explosé sur une mine ou a été décapité) dont le corps dévasté n'a pu être rapatrié ou a été porté disparu.

Le degré d'atteinte corporelle peut être équivalent à la dévastation psychique qui se manifeste à la génération suivante ou deux générations plus tard.

Il semblerait en effet que l'équilibre psychique dépende largement de l'intégrité corporelle des ancêtres notamment au moment de leur décès.

D'autres atteintes organiques au foie ou au pancréas sont avérées chez les descendants de ceux qui ont été intensément soumis à la peur, ont assisté en toute impuissance à des scènes inhumaines, ont eu peur de manquer d'argent, peur de mourir prématurément en étant exposé à un danger sans recours, ou peur de mourir de faim.

Lorsqu'elles n'ont pas été analysées consciemment, ces peurs sont susceptibles de rejaillir deux ou trois générations plus tard alors que le danger lui-même a disparu depuis longtemps.

Schizophrénie, anesthésie psychique, dédoublement de la personnalité et séquences de dépersonnalisation peuvent être les conséquences de situations particulièrement graves rencontrées pendant les années de guerre, comme les arrestations soudaines et brutales en pleine nuit ou à l'aube et leurs suites tragiques.

Ces dysfonctionnements peuvent être aggravés lorsque certains ascendants ont été transportés tels des animaux dans un voyage infernal qui a duré plusieurs jours à bord des trains de déportation. Le manque d'eau et de vivres, le grand froid la nuit, la chaleur le jour ont entraîné rapidement l'épuisement des forces vitales. La déshydratation a eu pour conséquence des délires aboutissant au coma de même qu'à l'asphyxie. États de stupeur et de prostration sont caractéristiques alors que certains meurent et restent exposés plusieurs jours durant aux yeux des survivants. L'arrivée dans les camps s'est effectuée dans le bruit et la fureur. La sélection a entraîné la séparation définitive des hommes et des femmes. Déshabillage, suppression des affaires personnelles, et tatouage de numéros se sont succédé. La faim constante est restée le principal élément qui a caractérisé les modalités de vie inhumaine dans les camps de concentration et d'extermination.

Lorsqu'un parent est mort en camp de concentration, si l'on ne peut avoir de témoignage direct, toute autre source (archives, témoignages, livres) doit être consultée. Dans un certain nombre de cas, on peut considérer que le parent a été assassiné de façon directe.

Décès par assassinat

Ainsi que je le précisais au début de ce chapitre, de nombreuses consultations m'ont permis de rencontrer à peu près tous les cas de figure.

À l'évidence le plus extrême concerne le décès consécutif à un assassinat. À ce sujet j'ai le souvenir tout particulier de trois cas qui m'ont été exposés.

Le premier concerne un consultant dont la grand-tante (c'est-à-dire la sœur de la grand-mère maternelle) avait été victime d'un assassinat perpétré par son mari.

Cet événement majeur n'était pas très éloigné dans le temps ; c'est la raison pour laquelle j'ai immédiatement demandé au consultant de faire sans tarder des recherches en commençant par collecter tous les articles de presse parus à l'époque à propos du drame.

Cette recherche était d'autant plus urgente que le consultant allait se marier, il fallait donc préalablement faire toute la lumière sur une telle tragédie de couple.

Sur mon conseil, le consultant entreprend donc une vaste enquête et apprend que sa grand-tante était tombée amoureuse d'un ouvrier qui travaillait pour sa famille (celle-ci était très fortunée). On comprendra en quelques mots que la question de l'appartenance à des classes sociales distinctes et traditionnellement opposées n'est pas sans rapport avec une attraction qui a conduit à un mariage controversé.

Après leur mariage, les époux donneront naissance à trois enfants. Vint un jour où le mari, c'est-à-dire le grand-oncle du consultant, pris d'un accès de violence, assassina son épouse (preuve que les contentieux de classe étaient loin d'être réglés). Pour son acte, il fut condamné à plus de vingt ans de prison.

Après cette découverte le consultant se décida à rencontrer pour la première fois les trois enfants du couple, orphelins de mère et qui tous trois avaient été confiés à leurs grands-parents paternels car rejetés par la famille de leur mère.

Leurs témoignages concernant le déroulement des faits s'avéra fondamental ainsi que ceux concernant les contentieux familiaux demeurés sans solution jusqu'alors.

Ce que le consultant découvrit également c'est que son grand-oncle, sorti de prison au bout de vingt ans, s'était remarié immédiatement et, quelques années plus tard, dans un même accès de violence, avait tué sa seconde épouse.

Une nouvelle fois condamné, il était mort en prison des suites d'un cancer.

Dans cet exemple, nous voyons que la découverte des circonstances précises se rapportant au décès de l'aïeule permet la mise à jour de nombreux autres éléments importants.

Il en est de même pour toutes les recherches se rapportant aux décès : une information en amène une autre et le processus de découverte s'engage ainsi à la condition de demeurer persévérant. Constance et logique (pour déduire les conclusions qui s'imposent à partir des matériaux recueillis) sont indispensables dans cette démarche.

Le second cas concerne la grand-mère paternelle d'une consultante qui a assassiné son époux. D'un tempérament acariâtre et impétueux, cette grand-mère, apparemment lassée de la présence de son mari à leur domicile, l'attendit un soir munie d'une carabine. Quand il ouvrit la porte d'entrée elle tira à bout portant et le grand-père s'effondra sous le choc.

Ayant invoqué la légitime défense, elle ne passa que très peu de temps en prison et reprit rapidement le cours normal de son existence.

Comme dans l'exemple précédent, j'ai aussitôt conseillé à la consultante d'aller interroger les témoins de l'époque, étant donné qu'elle ne possédait que la version de sa grand-mère, version qui, à coup sûr, n'était pas fiable.

On ne saurait se fier à un seul témoignage, notamment dans ce cas. Il est également nécessaire d'avoir accès au dossier juridique et de contacter l'avocat en charge de l'affaire quelques années auparavant.

Pour les descendants, tout connaître de cet événement central est la condition première si l'on souhaite établir plus tard une relation de couple heureuse.

Le troisième cas concerne un jeune consultant dont la tante a été assassinée par un étudiant. Il s'agissait de la jeune sœur de son père.

Durant ses études, celle-ci fréquentait une bibliothèque universitaire et c'est là qu'elle rencontra un jeune homme qui l'invita chez lui, entreprit de la violer puis l'étouffa.

On comprendra aisément que le père du consultant ait été traumatisé par ce qui venait d'arriver à sa sœur. De fait, plus tard, sa relation de couple fut désastreuse.

J'ai invité le consultant à faire toute la lumière sur le décès de sa tante paternelle, sachant que s'il n'entreprenait pas cette étude, les effets d'un tel drame allaient influencer sa vie, son couple futur et la génération à venir.

Prétendre qu'un assassinat a eu lieu, que l'on n'y peut rien et qu'il faut tout oublier ne résout absolument rien.

Au contraire, cette attitude est fort dangereuse car elle relègue les éléments essentiels du passé hors de la conscience. Ces éléments retombent dans l'inconscient. Non traités et chargés d'intenses affects, ils peuvent à tout moment réapparaître sous la forme de situations analogues, voire de répétitions, étant donné que ce qui n'est pas conscient est « projeté ».

En réalité il faut prendre le temps de « décortiquer » les événements passés avec beaucoup de minutie. Dans le cas cité on ne manquera pas de s'informer sur tout ce qui se rapporte à l'identité et à la personnalité de l'assassin (ses nom et prénoms, son âge au moment des faits) de manière à voir en quoi ils peuvent faire écho au roman familial de la jeune femme. On s'informera également sur ce qu'elle était en train d'étudier au moment de sa mort et les éventuelles modifications intervenues dans sa famille d'origine dans la période précédant le drame.

Dans les situations que nous venons d'exposer, les coupables ont été reconnus et condamnés, mais ce n'est pas toujours le cas : l'histoire familiale peut en effet receler des assassinats passés sous silence qui n'ont pas été punis.

Au sujet d'un assassinat demeuré impuni, on lira avec intérêt les mémoires de l'écrivain James Ellroy [7] dont la mère a été assassinée alors qu'il était un enfant.

Il décrit en détail quelles en ont été les conséquences pour lui dans son adolescence ainsi que les recherches qu'il a entreprises plus tard. À la fin de l'ouvrage, il précise également quelques points essentiels concernant l'histoire de sa généalogie (bien qu'il ne relève pas les liens entre celle-ci et le drame).

Parfois certains membres de la famille savent qu'un tel acte a été commis (et par qui), mais aucun n'est allé déposer une plainte officielle.

Ainsi certains consultants et consultantes savaient-ils que des meurtres avaient été commis au sein de leur parenté, soit

7. James Ellroy, *Ma part d'ombre*, Éditions Payot, Collection « Rivages Noirs », Paris, 1999.

sur des nourrissons ou des enfants en bas âge (infanticides), soit sur des conjoints (par empoisonnement par exemple).

Certaines situations généalogiques particulières peuvent également laisser penser que des assassinats ont été commis.

C'est le cas par exemple lorsque des parents ou aïeux se sont mariés après que leurs premiers conjoints respectifs avaient (par coïncidence...) trouvé la mort au même moment.

Décès présumés (disparitions)

« L'acceptation de la réalité de la mort est toujours une tâche ardue, délicate, douloureuse et progressive, tant nous avons une attitude invétérée de refus, de rejet de la mort », écrivait Sigmund Freud en 1915.

Dans les cas de disparition et alors que le corps n'est pas retrouvé et ne le sera sans doute jamais, cette acceptation est rendue beaucoup plus difficile voire impossible.

Pour se convaincre de la mort, des rituels ont toujours été indispensables (veiller le mort ou tout le moins voir sa dépouille, assister avec sa famille à la mise en terre et au service religieux, puis aller se recueillir sur sa tombe).

Dans les cas de disparition et donc de décès présumé, cet ordre est bouleversé : le corps de la personne défunte manque (il est remplacé par une photographie) et le doute subsiste. S'agit-il d'un accident, d'une mort brutale dans un lieu retiré, d'un décès inattendu au sein d'une catastrophe naturelle ou bien encore d'un suicide (après un revers sentimental ou professionnel…) ? S'agit-il d'un changement de vie définitif caché à l'ensemble de la famille et à l'entourage ?

Précisons qu'un délai de dix années est nécessaire ainsi que des recherches avérées avant que soit légalement prononcée la mort civique d'un individu disparu.

Durant les guerres, l'enterrement anonyme dans une fosse commune a été le sort réservé à des milliers de combattants, alors que d'autres ont été portés disparus sans que l'on sache s'ils étaient réellement morts ou avaient réussi à survivre.

L'attente est cruelle pour tous, ceux qui espèrent un éventuel retour de la personne aimée, mais également ceux qui la redoutent parfois (les épouses de soldats qui n'ont pas attendu longtemps avant de se remarier).

Dans tous les cas, l'aspect le plus tragique pour la famille et les descendants est l'absence de corps car cette absence ouvre une brèche dans la vie psychique. Tant qu'il n'y a pas de corps, la mort n'est pas une réalité palpable pour l'entourage. Le temps semble s'être suspendu.

Décès dont les circonstances demeurent mystérieuses

Outre ceux qui sont liés aux disparitions, certains décès se déroulent dans des circonstances troubles voire mystérieuses. C'est le cas notamment lorsqu'un parent ou aïeul est mort durant son sommeil. Cette situation est particulière et nous la décrirons en détail ainsi que les conséquences qui en découlent au chapitre IV de cet ouvrage. D'autres décès laissent planer des doutes sur les circonstances réelles dans lesquelles ils sont survenus.

Pour exemple le grand-oncle d'une consultante décédé après avoir tenté de boire directement au goulot d'une bouteille de vin blanc (un jour de grande chaleur) et qui en est mort après avoir eu l'appareil digestif entièrement brûlé car la bouteille contenait en réalité de l'acide chlorhydrique.

Son employée de maison aurait, paraît-il, laissé celle-ci par erreur sur la table de la cuisine. L'employée de maison a-t-elle laissé la bouteille dans une intention malveillante ? Peut-être s'agissait-il en fait de l'épouse de la victime ? (qui, après la mort de son conjoint se remariera).

Dans ce cas, rien ne peut être prouvé, mais on observe que les descendants souffrent de graves maux d'estomac : le symptôme réapparaît aux générations suivantes et montre qu'il subsiste encore bien des aspects secrets dans la situation initiale.

Décès lors des enterrements

Enfin, la situation qui semble être la plus paradoxale concerne les décès qui se produisent lors des enterrements.

Deux cas me reviennent en mémoire : le premier concerne un père de famille qui meurt d'un arrêt cardiaque lors de l'enterrement de son collaborateur et ami intime. Au moment où les membres de la famille jetaient chacun leur tour un peu de terre sur le cercueil, cet homme fut victime d'une crise cardiaque et s'effondra dans la fosse qui allait bientôt être recouverte.

Dans ce cas, une enquête concernant les liens qui unissaient les deux personnes qui se rejoignent dans la mort est indispensable, car la mort simultanée fait la preuve d'une relation plus étroite que celle à laquelle on songeait tout d'abord (une relation homosexuelle est suspectée en ce cas).

L'autre cas concerne les membres d'une même famille, c'est-à-dire cinq cousins qui avaient pris place dans une même voiture pour le trajet de retour de l'enterrement de leur grand-mère. Engagée dans un virage, leur automobile dévia de sa trajectoire et percuta un autre véhicule qui arrivait en sens inverse.

Tous moururent dans l'accident.

Bien que la tradition veuille que l'on assiste aux enterrements familiaux et que je le recommande moi-même dans la plupart des cas (c'est une étape indispensable dans le processus de deuil), cet exemple doit nous faire réfléchir sur la portée des décès familiaux, notamment quand ce sont des figures dominantes (et dans certains cas hostiles) du Roman Familial qui sont enterrées.

Dans les cas où parents et aïeux exerçaient une influence dominante sur leurs descendants, se montraient possessifs et autoritaires, détenant en quelque sorte dans leurs mains la destinée de leurs enfants (et leur libido), mieux vaut parfois s'abstenir d'assister à leur enterrement.

Car la mise en terre est le signe d'une disparition définitive à laquelle les descendants peuvent ne pas survivre, comme dans l'exemple que nous venons de citer.

Circonstances des enterrements

Nos recherches nous conduiront à nous intéresser également aux circonstances dans lesquelles se sont déroulées les différentes étapes du deuil et notamment ce qui se rapporte aux enterrements eux-mêmes et au devenir des concessions mortuaires.

C'est pourquoi les tombes des parents et aïeux sont à visiter lorsque cela est encore possible. Outre le fait que les plaques tombales peuvent confirmer ou infirmer des identités et des dates, on s'assurera ainsi que la parenté possède bien une sépulture. La parenté demeurée sans sépulture est parfois source de névrose chez la descendance. Je me rappelle le cas d'une patiente proche de l'hystérie dont le père, après une vie difficile, avait été enterré dans une fosse commune.

Bien qu'il n'y ait pas de tombe, j'avais conseillé à cette patiente de faire graver une plaque en mémoire de son père, afin de faire émerger la figure paternelle de l'anonymat.

J'ajouterai qu'il est important de respecter les volontés de la personne décédée en ce qui concerne ses obsèques.

À ce sujet, j'ai le souvenir des membres d'une famille qui avaient enterré leur grand-père contre sa volonté. Celui-ci avait bien précisé aux siens avant de mourir qu'en aucun cas il ne souhaitait être enterré aux côtés de son épouse décédée plusieurs années auparavant.

Passant outre le souhait du défunt, ils l'enterrèrent tout de même aux côtés de sa femme. Or, dans les mois qui suivirent, ils ne cessèrent d'être tourmentés par le décès de leur grand-père : des querelles éclatèrent et toute une série d'événements négatifs se produisirent alors.

Comme, à l'époque, je recevais en consultation l'un des membres de cette famille, je lui précisai qu'il serait plus sage pour la paix de tous de respecter les dernières volontés de l'aïeul.

Bien des événements peuvent survenir durant les enterrements ; le plus inattendu de tous (celui-ci m'a été relaté durant les consultations) est le cas d'un jeune homme et d'une jeune fille, cousins éloignés, qui se rencontrèrent pour la première fois lors de l'enterrement d'une aïeule et tombèrent sur-le-champ profondément amoureux (ils se marièrent par la suite). Leur union fut malheureuse.

Les circonstances des enterrements peuvent nous dévoiler quel est le membre de la famille qui détient des informations importantes à la fois sur la nature du décès et sur les secrets dont il ou elle a été le confident.

Généralement il s'agit de la personne qui se propose de prendre en charge les différents détails du déroulement de l'enterrement (nous empêchant ainsi implicitement d'y prendre part).

Notons à présent certaines circonstances particulières dans lesquelles les parents et/ou les aïeux ont été inhumés puis exhumés avant d'être inhumés à nouveau.

Citons le cas d'une consultante dont un jeune cousin avait été assassiné alors qu'il travaillait à l'étranger dans le cadre de recherches pétrolières.

Son corps avait été enterré une première fois sur place, puis exhumé trois ans plus tard pour être rapatrié puis inhumé une nouvelle fois, en France cette fois-ci.

De l'extérieur la situation paraît des plus normales : il s'agit d'une simple procédure administrative. Pour l'inconscient familial, il s'agit pourtant d'un événement fort important. Nous savons que par certains aspects l'inconscient interprète les situations réelles en les simplifiant, en les associant à une image première. Dans ce cas, pour l'inconscient, le parent en question n'est pas véritablement mort puisque son cercueil a été ramené des profondeurs de la terre. Si le cercueil a été ramené, il s'agit donc d'un processus qui inverse celui de la mort : le mort est symboliquement revenu à la vie. En aucun cas il ne s'agit d'un fait banal.

Au contraire cet événement devient fortement connoté : parce qu'il s'agit d'une situation qui échappe aux lois naturelles.

On ne s'étonnera pas que des circonstances extraordinaires se présentent plus tard à certains membres de cette famille.

Échappant eux-mêmes aux lois naturelles, ils sont susceptibles de vivre des situations hors normes, tant dans leur aspect négatif (marginalisation, ennui et/ou dépression) que positif (réussite, richesse, voyages, rencontres originales).

Citons un autre cas où l'on peut considérer que la situation est ambiguë voire paradoxale. Il s'agit d'une jeune femme dont le père est mort d'une crise cardiaque. Elle l'a vu juste après son décès et conserve une image précise de son père mort.

Conscient et inconscient savent désormais que le père est mort.

Ce qui va bientôt compliquer la situation est le fait que l'épouse du défunt, mère de la consultante, va décider de rendre au corps son harmonie originelle.

Elle va faire appel à un thanatopracteur pour maquiller et conserver le corps pour que celui-ci soit exposé quelque temps à leur domicile.

La consultante verra donc son père mort une nouvelle fois : cependant, en raison des traitements subis, le père ne lui semblera plus être mort mais reposer tranquillement comme si il dormait.

Comment le père peut-il paraître vivant et frais après qu'on l'a vu mort ?

Il s'agit d'un paradoxe : l'inconscient, ramenant toute situation à une image première, va donc considérer que le père est vivant.

Dès lors aucun deuil ne peut être entrepris. Cette confusion va affecter l'existence des descendants car la séparation entre vivants et morts demeure floue. Difficultés matérielles et situations peu constructives peuvent apparaître à sa suite. Pour les éviter, on ira interroger le thanatopracteur au sujet des manipulations effectuées sur le corps du père.

Décès familiaux et associations inconscientes

L'enquête familiale nécessaire permet de savoir quelles sont les associations inconscientes relatives au décès.

On sait que l'inconscient associe des événements qui ont lieu en coïncidence, c'est-à-dire qui se sont déroulés au même moment.

Aussi, à ce niveau inconscient, les décès de certains membres de la parenté les plus proches peuvent-ils être associés à des catégories d'activité, des lieux, des personnes, ou des objets…

Voyons quelques exemples à ce sujet : un parent dentiste est mort à son cabinet de consultation : dès lors l'inconscient familial peut avoir associé cabinet dentaire et décès ; une parente qui sortait de chez le coiffeur a été renversée par une voiture et n'a pas survécu à l'accident : l'inconscient peut établir un lien entre coiffure/cheveux et décès ; un oncle paternel a trouvé la mort à l'étranger lors d'un voyage touristique : c'est le pays dans lequel il se trouvait qui peut alors être inconsciemment associé au décès ; un grand-père est mort dans un accident de voiture : ce peut être le modèle précis de son automobile qui sera associé à la mort…

Précisons que pour chacun d'entre nous l'association ou les associations inconscientes sont souvent différentes, même pour les membres d'une même famille, car les associations en question peuvent également concerner ce que l'on était en train de faire au moment où le décès nous a été annoncé.

J'en veux pour exemple cette consultante qui présente une grave intolérance alimentaire (allergie aux œufs) depuis qu'elle a appris la mort de sa mère. Celle-ci lui a été annoncée par une amie et par téléphone, elle se souvient qu'elle était précisément en train de manger l'omelette qu'elle venait de préparer.

La réapparition ultérieure de ces différents signifiants (dentiste/coiffure/voiture/nourriture...) dans l'environnement peut déclencher des phobies et des peurs incontrôlées, ce qui est parfaitement compréhensible lorsque l'on connaît les détails à chaque fois singuliers qui ont trait à l'histoire familiale.

Les réactions d'évitement seront beaucoup plus importantes lorsque certains décès familiaux se sont produits en coïncidence avec un mariage, un voyage de noces, une grossesse ou une naissance, ou tout autre événement familial majeur.

Nous venons de faire un rapide tour d'horizon des principales circonstances qui entourent les différents décès. C'est seulement lorsqu'elles auront été complètement éclaircies que les vivants et les morts pourront commencer à se séparer de manière paisible.

Cependant la découverte des véritables circonstances des décès n'est que l'un des quatre éléments qu'il est nécessaire de connaître pour que le deuil puisse être fait. Le second élément concerne ce que la personne nous a caché, à savoir les secrets qui ont été emportés dans la tombe.

3.

Les secrets que parents et aïeux ont emportés avec eux

Nous sommes loin de tout connaître sur le déroulement de l'existence de nos parents et aïeux. Nous savons de leur vie ce qu'ils ont bien voulu nous en raconter, et ce qu'ils ont souhaité nous transmettre.

En réalité, la majorité d'entre nous ne possède que très peu de renseignements détaillés sur la vie de leurs grands-parents et de leurs parents. Durant toute une vie, des milliers de situations surviennent, certaines plaisantes, d'autres tragiques.

Bien des détails demeurent dans l'ombre. Par exemple que sait-on de nos parents au sein de leur environnement professionnel ? Que sait-on de leur vie sentimentale et sexuelle avant leur mariage ou avant leur installation dans une vie de couple ? Que sait-on de leurs sentiments, de leurs idées, de leurs aspirations véritables ? Que sait-on enfin de leur vie intime ?

Un constat demeure vrai : au sein des familles on parle très peu du passé.

Bien des secrets subsistent que parents et grands-parents – parfois surpris par la mort – n'ont jamais eu l'intention ou l'occasion de révéler.

Ce que l'inconscient cherche à nous faire découvrir

Les simples récits qui précèdent nous permettent de constater qu'en règle générale nous savons bien peu de choses concernant les membres de notre famille.

Pourtant, il s'agit des personnes qui, depuis l'enfance, sont les plus proches de nous.

Le passé est rarement évoqué et les événements, qu'ils soient très heureux ou douloureux, sont habituellement passés sous silence *car ils sont associés à de puissantes émotions.* C'est pourquoi, sans l'initiative personnelle d'un questionnement détaillé auprès de tous les membres de la famille, le roman familial demeure un mystère. De plus – car il faut préserver une certaine image idéale de la lignée –, des résistances se mettent en place pour s'opposer à cette recherche et à la découverte de vérités dérangeantes.

Dans son ouvrage *Dialectique du Moi et de l'inconscient*, C.G. Jung précise à ce sujet : « L'habitude qu'a le conscient d'interrompre le cheminement des éléments intérieurs, de les corriger, de les critiquer et de les remanier est traditionnellement très forte. »

Pourtant, il est fort utile de se rappeler que les difficultés personnelles surviennent lorsque l'on se trouve dans l'ignorance des influences passées.

Psychiquement parlant, nous sommes déterminés par des événements antérieurs alors que nous pensons qu'ils n'ont plus aucune influence sur nous.

Nous allons voir quelle est la nature de ces secrets et en quoi ils peuvent influencer le devenir des descendants, en rendant les deuils impossibles à faire.

Précisons que, si les deuils ne peuvent être faits, intervient alors une confusion dans l'ordre des générations comme nous l'expliquerons au chapitre VI.

Si les secrets sont révélés, on évite la complication des processus de deuil, à savoir la longue dépression, l'identification inconsciente à la personne disparue, voire les désirs suicidaires pour rejoindre celle-ci.

Les secrets interdisent l'accès à un héritage positif et favorable

Lorsque meurt un parent, l'héritage positif semble gelé jusqu'à ce que les secrets soit découverts. *Avec le secret, le temps s'est en quelque sorte arrêté et avec lui les possibilités de croissance personnelle.*

C'est seulement *après le décès de leurs parents et aïeux* que nos consultants ont pu découvrir la nature des secrets présentés dans ce chapitre.

Le dévoilement est intervenu par des voies diverses, parfois inespérées, et ce fut fort heureux pour les intéressés, car ils ont pu ainsi entreprendre leur deuil et permettre à la vie de reprendre son cours.

Après le décès d'un membre de la famille, deux éléments sont à prendre en compte : d'abors, il convient de demeurer en contact avec l'entourage parce que celui-ci détient certainement des informations que l'on ignore. Ensuite, il faut être attentif aux coïncidences significatives et avoir à l'esprit que la Nature (ou l'inconscient) cherche à nous aider dans la découverte de ces vérités qu'il nous est indispensable de connaître.

Notre premier exemple concerne une jeune femme qui, un mois seulement après le décès de sa mère, a appris par une des anciennes collègues de travail de celle-ci (rencontrée par hasard au sein d'une association culturelle) que sa mère avait eu une longue liaison extra-conjugale. Et elle lui révèle l'identité de l'amant.

À l'époque, la jeune femme s'en tient à ces informations superficielles car elle est occupée par la recherche d'un nouvel appartement.

Bientôt, elle emménage dans un petit immeuble au sein de la même ville.

Sa nouvelle voisine de palier est employée à l'état civil de la mairie et se passionne pour la généalogie. Les deux femmes se lient d'amitié, et la voisine procure à notre consultante un extrait du dossier complet concernant l'amant de sa mère, dossier qu'il lui aurait été impossible d'obtenir dans des conditions normales. Elle connaîtra ainsi tous les détails concernant cet homme (prénoms et nom de famille, date de naissance, de mariage et de décès, nom de l'épouse, filiation...)

Cet exemple prouve que parfois il n'est pas besoin de chercher, tout vient à soi naturellement à condition d'être attentif aux synchronicités de la vie quotidienne. Curieusement, de nombreuses informations parviennent spontanément dans les semaines ou les quelques mois qui suivent un décès familial. Ce qui est surprenant, c'est que ces informations proviennent généralement de sources auxquelles on n'avait pas songé.

Secrets concernant la filiation

Nous pouvons affirmer qu'il est très difficile de faire le deuil d'un parent ou d'un grand-parent lorsque celui-ci est mort *sans avoir pu ou voulu révéler un secret majeur dont il est le sujet ou le simple détenteur.*

Avec ceux qui touchent à l'inceste, les secrets concernant la filiation sont ceux qui pèsent le plus lourdement. Tout simplement parce qu'ils remettent en cause la logique des liens et des rôles de chacun au sein de l'arbre des générations.

Le premier cas concerne un consultant dont le père vient de mourir. C'est après les funérailles que sa mère lui révèle qu'en réalité il ne s'agissait pas de son père biologique, mais bien de son père adoptif (qui, de son côté, et alors qu'il était gravement malade, n'avait rien souhaité révéler). Quant au père biologique il ne s'est plus jamais manifesté depuis la grossesse, c'est-à-dire depuis quarante-cinq ans.

Ici, et c'est une chance, la mère consent à révéler un secret majeur *bien que ce soit seulement après le décès de son mari.* Cependant ces informations ne suffisent pas. Elles ne suffisent pas car elles sont d'ordre général et pourraient concerner des milliers de familles qui présentent ce genre de configuration.

Dans la vaste enquête qui va suivre, on devra s'efforcer de connaître les raisons qui ont amené le mari de la mère à consentir à l'adoption (en quelle année, dans quelles circonstances et pourquoi), de même que l'on recherchera tous les éléments concernant le véritable géniteur (s'il est encore vivant). S'il a d'autres enfants, ce sont des demi-frères et sœurs que l'on va découvrir, si le père a lui-même des frères et sœurs, ce sont des oncles et tantes que l'on va rencontrer, et si ses parents sont vivants, on fera également la connaissance des véritables grands-parents paternels.

Citons à présent le cas d'une arrière-grand-mère qui meurt à presque cent ans sans avoir jamais révélé le nom de son amant dont elle a eu un enfant naturel.

Sa descendante a interrogé tous les membres de la famille, mais n'a pu obtenir le moindre renseignement.

Un tel cas est relativement rare, car il y a toujours au

moins une personne qui sait quelque chose au sujet de l'événement. Le fait qu'absolument personne ne puisse donner le moindre détail me paraît bien surprenant. Je demande alors à la consultante de préciser la date de décès de cette aïeule. Lorsqu'elle précise que celle-ci est décédée un 25 décembre, cela me semble significatif.

Car ce qui n'est pas dit est parfois suggéré par le truchement des dates de décès : certaines en effet correspondent à des dates commémoratives d'événements religieux ou politiques.

En décédant un 25 décembre, l'aïeule délivre un message à la descendance.

Cela pourrait faire penser au fait que l'arrière-grand-mère elle-même ne savait pas qui était le géniteur de son enfant, comme dans le mythe chrétien de la naissance, la paternité demeurant un mystère.

Cette situation se présente dans trois cas : lorsque des relations sexuelles ont été consommées avec plusieurs partenaires dans une même période, si bien que la femme qui devient enceinte ne saurait dire avec certitude qui est le père de son enfant, c'est le cas également lorsque l'on a été victime d'un viol et que l'on ignore tout du violeur, son prénom, son nom, son âge et jusqu'à son visage parfois, le troisième cas peut renvoyer à un viol collectif.

Si j'ai cité cet exemple apparemment insoluble, c'est que le détail le plus infime doit être pris en considération – ici, la date du décès (25 décembre) –, il demeure en effet toujours quelque chose du passé, qui peut nous permettre de trouver une explication aussi fragile qu'elle paraisse.

À propos des secrets sur la filiation, voyons à présent le cas d'un père de famille victime d'une crise cardiaque. Ne se doutant pas qu'il allait décéder prématurément et de façon soudaine, il n'avait jamais révélé sa double vie à ses enfants légitimes. Pendant trente ans, il avait eu deux foyers, l'un légitime avec son épouse et leurs trois enfants et l'autre avec sa maîtresse (une ancienne collègue de travail) qu'il voyait peu et dont il avait également trois enfants.

Fort heureusement, à la suite de son décès, la maîtresse prend l'initiative de sortir de l'ombre et de se faire connaître auprès de la famille officielle, ceci afin que les enfants, c'est-à-dire les demi-frères et sœurs se rencontrent pour la première fois. L'une des enfants illégitimes, à savoir notre consultante, a ainsi pu avoir accès à de nombreuses informations sur l'autre partie de la vie de son père et faire la connaissance de ses oncles, tantes, cousins et grands-parents paternels.

Imaginons ce qui ce serait passé pour les enfants légitimes si la maîtresse de leur père n'avait jamais pris contact avec eux. Ils ignoreraient encore tout de la vie réelle de celui-ci, ne parviendraient pas à en faire le deuil puisqu'ils seraient loin d'avoir épuisé les secrets attachés à sa personnalité et à ses actes.

Secrets autour de la conception

Au cours des consultations, j'ai eu l'occasion de découvrir bien des mystères familiaux autour de la conception de l'enfant. Certaines femmes m'ont avoué qu'elles faisaient croire à leurs maris qu'elles prenaient un moyen contraceptif alors qu'il n'en était rien et ce, dans le but de les contraindre à concevoir un enfant. D'autres avaient eu recours, à l'insu de leurs conjoints, à des traitements destinés à augmenter leur fertilité. Du côté masculin, j'ai rencontré d'autres cas : des maris concevaient un enfant à la fois avec leur épouse et avec leur maîtresse, durant la même période ; d'autres, pour sauver leur couple, avaient été contraints de concevoir un enfant qu'ils ne désiraient pas. Ce sont des secrets qui souvent ne sont découverts qu'après le décès du père ou de la mère.

Voyons deux exemples. Le premier concerne un consultant conçu peu avant le mariage de ses parents. Dans sa jeunesse, le consultant ne s'était jamais intéressé aux différentes dates de sa généalogie. Pourtant, le temps écoulé entre la date de mariage de ses parents et celle de sa naissance aurait pu lui faire envisager l'hypothèse selon laquelle sa mère était déjà enceinte au moment du mariage. Ce n'est qu'après la mort de celle-ci qu'il va découvrir qu'elle était enceinte d'un autre homme (avec lequel elle sortait en même temps que celui qui allait devenir le père de l'enfant et avec lequel le mariage était déjà prévu).

Le consultant apprit la vérité de la bouche de sa marraine, inquiète de voir le jeune homme dans des situations d'échec tant au plan sentimental que professionnel. Celle-ci était une amie intime de la mère sans aucun lien de sang avec la famille.

Elle apprendra au consultant que son véritable père – alors décédé –, était celui que la mère avait désigné peu avant le baptême pour être son parrain.

Dans cette situation, il y a une somme d'informations à découvrir : la liaison de la mère, l'identité et la personnalité du géniteur, sa famille, sans compter que le consultant ignore (ainsi que sa marraine) si le père biologique savait que l'enfant était le sien…

Précisons qu'il est possible que la mère ait désigné sa meilleure amie – celle qui connaissait le secret – comme marraine, c'est-à-dire comme *parente spirituelle*, c'est-à-dire définitivement liée à son enfant, justement pour que le secret puisse être dévoilé un jour. Ajoutons que lorsque les parrains et marraines appartiennent à la famille (par exemple les frères et sœurs des parents), la révélation des secrets est beaucoup plus délicate.

Dans mon premier ouvrage [1], j'ai cité le cas d'une consultante dont le père avait conçu *dans le même temps* un enfant avec son épouse et un autre avec sa maîtresse.

Relatons dans le détail le déroulement de cette histoire familiale : il s'agit du père d'une consultante qui, très gravement malade, est hospitalisé. Dans les dernières heures de sa vie, la famille se présente à son chevet. Alors que la consultante entre dans la chambre de son père, une jeune femme est déjà présente qui paraît être sa jumelle, même âge, même

1. Elisabeth Horowitz, *Se libérer du destin familial*, Paris, Éditions Dervy, 2000.

taille, même couleur des yeux et des cheveux, mêmes traits du visage. La jeune femme lui avoue être sa demi-sœur, la fille de la maîtresse attitrée de son père. Qui plus est, la jeune femme porte le même prénom que le sien car leur père, qui a conçu ses deux filles durant la même période, a choisi de leur attribuer le même prénom.

Ce cas, qui n'est pas sans faire penser à une sorte de gémellité, aurait eu des conséquences graves si les jeunes femmes ne s'étaient pas croisées au chevet du père mourant. Cependant, cette première rencontre ne suffit pas, encore reste-t-il à enquêter sur la vie du père, la nature de sa liaison – ou de ses liaisons –, étant donné qu'un homme infidèle a généralement plusieurs maîtresses. Les demi-sœurs s'étant rencontrées, il peut exister des secrets plus profonds dissimulés aux deux jeunes femmes, par exemple l'existence d'autres demi-frères et sœurs.

Dans ce but, une vaste enquête sera entreprise : il faudra rencontrer tous les amis intimes du père, ses collègues de travail, ses frères et sœurs, et aussi interroger son épouse et sa maîtresse. Car, généralement, l'épouse et la maîtresse détiennent chacune des informations différentes que l'autre ignore.

Après la mort de l'un des parents, généralement la mère, certains consultants peuvent découvrir que leur conception n'était pas souhaitée et que leurs parents avaient hésité à mener la grossesse à son terme.

C'est le cas d'un consultant qui, après la mort de sa mère, avait appris de la bouche du médecin de famille « qu'à l'époque de la grossesse sa mère hésitait réellement à garder son enfant ».

Tous les détails relatifs à la conception, à la grossesse et à l'accouchement sont importants à connaître : un régime inopportun entrepris durant la grossesse, l'utilisation de certains médicaments, la survenue de complications obstétricales, des hémorragies et un accouchement avant le terme, de même que des infections du post-partum et des troubles de l'allaitement peuvent être le signe d'une attitude ambivalente de la mère ou du père vis-à-vis de l'enfant à naître.

Voyons un autre cas, celui d'une consultante qui a été conçue alors que l'un des ses deux parents était encore marié à un précédent conjoint.

La consultante ne l'a appris qu'après le décès de son père. Celui-ci, marié une première fois, avait conçu sa fille avec sa maîtresse de l'époque qui allait devenir sa seconde épouse. Si, sur le plan biologique, l'enfant est bien celui du conjoint, il est aussi officiellement l'enfant adultérin du couple du père et de sa première femme, le divorce n'étant pas prononcé et les époux vivant sous le même toit.

C'est par l'intermédiaire de son oncle paternel (le jeune frère de son père) que la consultante a découvert ce fait essentiel pour elle. Je lui ai aussitôt conseillé de rechercher activement la première épouse du père et de demander à la rencontrer. De son vivant, le père n'avait jamais fait allusion à ce premier mariage, preuve qu'il demeurait des liens puissants voire des contentieux affectifs avec son ancienne compagne.

Si j'ai demandé à la consultante de faire ces démarches, c'est qu'elle-même éprouvait des difficultés à avoir un enfant, fait bien compréhensible étant donné que sa propre conception s'était produite alors que son père n'était pas libre.

En règle générale, les premiers mariages sont passés sous silence. Pourtant, ils sont fondateurs : c'est parce qu'un premier mariage s'est délié que le second a pu se construire. De plus, au niveau inconscient, la première épouse et le premier époux demeurent *le premier choix des parents,* ils constituent donc une référence qu'il est impossible de négliger.

Connaître la genèse des premières unions est indispensable dans une recherche concernant la famille.

À propos des mariages successifs des parents et de leur éventuelle dissimulation, on lira avec grand intérêt l'histoire familiale du Président Bill Clinton. Le père de Bill Clinton, un représentant de commerce nommé William Jefferson Blythe Jr, avait épousé la mère du futur Président quelques mois avant qu'ils ne conçoivent leur enfant.

Durant la gestation, le père mourut dans un accident d'automobile le 17 mai 1946, si bien que lorsqu'elle accoucha de leur fils le 19 août 1946, la mère de Bill était déjà veuve. L'enfant, qui n'allait jamais connaître son père autrement que par quelques photos, sera ultérieurement adopté par Roger Clinton, le second mari de la mère.

Cependant l'histoire ne s'arrête pas là [2]. Après son élec-

2. Bill CLINTON, *Ma Vie*, traduction française, Paris, Editions Odile Jacob, 2004.

tion à la Présidence, de grands quotidiens firent des recherches plus poussées sur son arbre généalogique. Celles-ci permirent de découvrir que le père avait déjà été marié plusieurs fois auparavant et qu'il avait également d'autres enfants. Bill Clinton et sa mère en ignoraient tout. C'est ainsi que durant ses années de Présidence, Bill Clinton rencontrera pour la première fois Léon, son demi-frère et recevra un courrier de Sharon, sa demi-sœur née cinq années avant lui.

Secrets concernant l'argent

Ainsi que je l'écrivais dans mon précédent ouvrage : « Outre les secrets sur la filiation, les secrets sur l'argent demeurent les plus profonds et les plus délicats à découvrir. »

Ce que j'ai pu constater, en effet, c'est qu'il est extrêmement difficile de parvenir à faire la lumière sur les ressources financières de la famille.

Si l'on finit par découvrir les liaisons extra-conjugales, et autres secrets sentimentaux, généralement la famille résiste à toute investigation qui a pour but de connaître les véritables chiffres se rapportant aux finances.

Dans les questionnaires remis à la famille, les questions concernant l'argent sont toujours manquantes, soi-disant *oubliées.*

Or la vérité sur l'argent est la base même d'un rapport sain à la réalité.

Voici le cas le plus récent que j'ai rencontré en consultation : l'époux d'une consultante vient d'être victime d'une crise cardiaque. Il est hospitalisé dans un état très grave ; dans les jours qui suivent, la consultante est au chevet de son mari qui est mourant. Il lui fait des signes désespérés car il ne peut plus parler distinctement. Intriguée, la consultante finit par comprendre que son mari veut lui dire quelque chose de très important. Il fait un ultime effort après avoir pointé son doigt en direction de lettres de l'alphabet et finit par lui faire comprendre qu'il a caché dans leur jardin une très grosse somme d'argent.

Ainsi la consultante apprendra-t-elle *par son mari (qui n'avait pas pensé mourir de façon si soudaine) et au seuil de la mort* l'existence d'un capital qu'il lui a dissimulé durant toute une vie (et dont ils auraient pu profiter ainsi que leurs enfants).

Outre l'aspect assez surréaliste de la scène, nous ne nous étonnerons pas du fait que des secrets pouvaient être dissimulés au conjoint.

Une autre consultante put découvrir, après la mort de son père, la vérité sur les véritables ressources financières de sa famille.

Elle rangeait les affaires de ce dernier quand elle trouva *son journal intime.*

Or elle ignorait complètement que le père tenait un journal. Très discret voire introverti, il livrait cependant tout de sa vie personnelle dans un cahier spécialement réservé à cet effet.

La lecture du journal, dans lequel le père notait les sommes déposées régulièrement à sa banque afin de constituer un capital, sera une totale surprise pour la consultante. Toute sa vie, le père s'était montré avaricieux et très peu dépensier, arguant constamment qu'il n'avait pas les moyens…

La découverte du journal intime démontrait le contraire.

Il n'avait jamais aidé sa fille, montrant un visage indifférent face aux soucis financiers de celle-ci, faisant mine de ne pas les comprendre. En réalité, il disposait d'un important capital qu'il cachait à sa propre famille et à ses proches.

Ce cas n'est pas rare, de nombreuses familles laissent croire à leurs descendants qu'elles n'ont pas d'argent alors que cela est faux. Ces parents se protègent à l'avance contre les demandes qui pourraient émaner de la fratrie, des enfants ou petits-enfants : *ils prennent les devants en précisant à chacun qu'ils possèdent seulement l'argent nécessaire pour le quotidien, et rien de plus.*

Certains descendants découvriront après la mort de leur parenté que celle-ci disposait de capitaux importants, mais que ces capitaux avaient été engagés dans de mauvaises affaires ou à la Bourse de manière inconsidérée. Les sommes perdues, si elles avaient été données à la descendance au moment où celle-ci en avait besoin, auraient permis aux enfants de commencer leur vie d'adulte de manière plus facile et constructive.

En ce qui concerne les papiers de famille, il est important de ne rien jeter précipitamment. Les livres de comptes, journaux intimes, photos et lettres doivent être étudiés avec la plus grande minutie puis être soigneusement classés.

Il est également important de savoir d'où vient l'argent que l'on reçoit parfois en héritage. Je pense à ce consultant qui avait appris que l'argent hérité de sa grand-mère venait en réalité de la prostitution.

La famille avait toujours dissimulé au jeune homme que sa grand-mère avait été prostituée de métier durant de nombreuses années.

Le consultant, qui ignorait la vérité sur sa grand-mère, était quant à lui un véritable « homme à femmes », grand amateur de conquêtes et d'aventures ; sans doute s'était-il inconsciemment identifié à l'aïeule disparue.

Secrets concernant les relations incestueuses

Les relations incestueuses sont à l'évidence cachées à la descendance et celle-ci ne l'apprend généralement qu'après la mort des personnes concernées.

On se trouve habituellement devant deux catégories de situations incestueuses : celles qui concernent les relations affectives et sexuelles entre deux personnes d'une même parenté *liées par le sang* (un père avec sa fille, un frère avec sa sœur, une mère avec son fils, un oncle avec sa nièce, un cousin et une cousine).

La seconde catégorie concerne les relations affectives et sexuelles entre deux personnes appartenant à une même parenté sans être liées par le sang (par exemple une femme avec son beau-frère, un homme avec sa belle-mère, un homme avec l'enfant d'un premier lit de son épouse).

Dans le premier cas, la situation la plus grave concerne l'inceste dont un enfant est le fruit. Par exemple, cette consultante qui apprend à la mort de sa mère que celle-ci avait été séduite par son propre père et s'était trouvée enceinte.

La mère avait accouché dans le secret, se mariant peu après avec un ami qui avait reconnu l'enfant – en l'occurence la consultante – et qui venait de lui avouer la vérité.

Dans ce cas, père et grand-père ne sont qu'une seule et même personne.

Le père/grand-père n'a jamais été dénoncé : on avait trouvé une « solution » qui permettait de justifier la naissance de l'enfant.

Citons un autre cas se rapportant au grand-père maternel d'une consultante : il était mort sans avoir jamais rien révélé de la relation incestueuse qu'il avait imposé à sa fille, mère de la consultante.

Vingt ans après le décès du grand-père, la consultante vient de découvrir le secret. Il lui a été révélé par l'employée de maison des grands-parents retrouvée alors qu'elle était retraitée depuis plusieurs années. C'est elle qui lui révéla toute la vérité. *Précisons à ce sujet que bien souvent les employés de maison, coiffeurs, médecins, collègues de travail et amis des parents ou des grands-parents en savent davantage sur l'histoire intime de la famille que les descendants eux-mêmes…*

Ce qui est intéressant ici, c'est la façon dont les contenus du secret ont semblé vouloir se manifester, c'est-à-dire dans un premier temps *interpeller la conscience* jusqu'à ce que celle-ci les remarque enfin.

La consultante avait préalablement remarqué la place que tenait un sport dans sa vie, à savoir le football. Bien qu'elle n'aimât pas ce sport et n'ait jamais regardé un match dans son intégralité, elle avoue avoir successivement entretenu une relation passionnée avec deux footballeurs professionnels et ce durant des années, avoir eu l'idée d'un spot publicitaire concernant le football, spot qu'elle a vendu par hasard à une agence de publicité internationale, avoir eu comme ami un auteur qui a écrit la biographie d'un grand footballeur…

Je lui demande alors : « Qui aimait passionnément le football dans votre arbre généalogique ? » Surprise, elle me répond spontanément : « Mais oui, mon grand-père maternel *adorait le football*, mes parents, mon frère et moi avons habité chez lui durant mes années de jeunesse – j'ai conscience à présent que sa maison se trouvait en face du stade municipal où avaient lieu les rencontres entre les clubs… En fait il avait dû la choisir à cause de son emplacement. Jusqu'alors je n'avais pas fait le rapprochement, il allait lui-même assister aux matchs et parfois y amenait également mon jeune frère… »

Je précisais que le football était certainement pour elle *l'élément préférentiel caractérisant son grand-père maternel*, une fois que celui-ci eut disparu.

Le fait que cet élément représentatif apparaisse à nouveau régulièrement et insidieusement dans son existence pouvait donner à penser qu'il existait un secret non avoué du vivant de son grand-père.

En effet un symbole rémanent laisse supposer que l'inconscient cherche à faire découvrir par la conscience une information de première importance.

Une telle information est nécessaire à l'évolution même de l'existence tant le secret agit comme inhibiteur de développements futurs.

Voyons à présent ce qu'il en est du second type d'inceste, qui lie deux personnes appartenant à une même parenté mais sans liens de sang.

À ce propos je me rappelle le cas d'une consultante qui, venant de se marier, avait appris peu après à la mort de sa mère que celle-ci avait une liaison passionnée avec le père de son gendre (c'est-à-dire avec le beau-père de la consultante).

Personne ne semblait remarquer leurs sentiments amoureux lors des réunions familiales qui précédèrent le mariage de leurs enfants respectifs.

Précisons que ce secret semble avoir été à l'origine de la stérilité de la consultante.

Un autre cas concerne un jeune homme décédé d'une crise cardiaque. Sa famille avait découvert peu après sa mort qu'il entretenait une relation sentimentale avec *une ancienne fiancée de son frère aîné*. Nous pouvons parler ici d'une situation incestueuse étant donné que la jeune femme, pour la famille, est tout à la fois la fiancée des deux frères. Après le décès inattendu du jeune homme, c'est elle qui se présentera à la famille et dévoilera la vérité, car elle attendait un enfant de lui.

Avec les relations incestueuses nous avons l'image d'un arbre qui se referme sur lui-même au lieu de s'ouvrir. La caractéristique la plus marquante est constituée par le fait que, dans les situations incestueuses, une même personne cumule deux fonctions ou deux rôles généalogiques.

Comme nous venons de le constater, le grand-père est également le père, la fiancée est commune à deux frères, une mère est la maîtresse du beau-père de sa fille... Au lieu se s'ouvrir vers l'extérieur, parents et aïeux cherchent des partenaires au sein de la famille.

Ce mouvement régressif voire involutif comporte certains dangers. Sauf cas exceptionnels, il annonce souvent maladies et décès prématurés.

Après le décès d'un parent, il n'est pas rare d'apprendre que celui-ci avait été abusé par son propre parent, un beau-père, un grand-parent voire l'un de ses oncles. Les abus sexuels sont fréquents au sein des familles.

Lorsque j'ai débuté en tant que thérapeute, je pensais qu'il s'agissait de cas isolés, mais au fil des années j'ai pris conscience qu'il s'agissait non pas d'exceptions mais de faits courants.

Lorsque les parents se montrent introvertis, tendus voire agressifs, corporellement inhibés, excessivement prudes et avaricieux, on doit toujours envisager l'hypothèse selon laquelle ils ont pu être victimes d'attouchements ou de viols durant leur enfance ou leur adolescence.

Ces lourds secrets peuvent être découverts après leur mort, soit au travers de leur journal intime, soit par des indiscrétions du médecin de famille ou par l'aveu spontané d'un proche qui se trouvait dans la confidence.

Secrets sur la vie sentimentale et sexuelle

Les secrets concernant la vie sentimentale et sexuelle de la parenté sont évidemment fort nombreux. Outre les cas relativement classiques de relations extra-conjugales cachées (déjà mentionnées dans nos ouvrages précédents), citons ici trois autres cas originaux se rapportant à ce sujet.

Le premier concerne un consultant âgé d'une quarantaine d'années, dont la mère est décédée depuis plus de dix ans. Un jour, il reçoit un appel inattendu : ses anciens amis de lycée se proposent d'organiser une réunion et lui adressent une invitation pour le trimestre suivant.

Lors des retrouvailles avec ces anciens camarades de classe, le consultant revoit son plus ancien ami et tous deux évoquent le passé. Parlant de leurs familles respectives, l'ami en question lui demande soudainement ce qu'il en est des relations de la mère et de son petit ami de l'époque. Ébahi, le consultant demande à son ami à quoi il fait référence. Ce dernier – qui ignore que la mère est décédée depuis – pensait que celle-ci avait refait sa vie avec cet amant, qui était aussi son professeur de tennis.

Le consultant écoute fort surpris les commentaires de son ancien compagnon d'adolescence qui lui précise « mais si, souviens-toi, ta mère allait jouer au tennis jusque tard dans la nuit, il était évident qu'elle avait une liaison avec son professeur, d'ailleurs il n'y avait jamais personne chez toi, chacun faisait absolument ce qu'il voulait, on entrait comme dans un moulin… ».

Le consultant avouera en consultation que non seulement il ignorait que sa mère avait une liaison passionnée avec cet homme (outre le fait significatif qu'elle avait adoré le tennis durant des années…) mais qu'il n'avait pas du tout cette vision de sa propre vie familiale.

Nous constatons de nouveau que l'idéalisation de la famille d'origine est un mécanisme de défense qui protège l'enfant des effets liés à la conscience de la déstructuration familiale. Il ne peut la reconnaître comme telle, tant est grande encore sa dépendance à l'égard de ses parents.

Cet exemple nous a également montré combien il est important de maintenir le contact avec les amis que nous avions pendant l'enfance ou l'adolescence. Comme ils ont côtoyé notre famille et/ou y ont été invités fréquemment, ils détiennent des informations que nous ignorons. Intentionnellement ou de façon fortuite, ils ont pu entendre des confidences ou devenir conscients de situations familiales délicates.

Le second cas concerne une jeune femme dont le père est mort récemment.

Dans les mois qui suivent, elle va consulter un ami ostéopathe dont le père avait été également le patient. Cet ami médecin lui révèle alors que son père souffrait de graves problèmes d'impuissance, problèmes ignorés de sa descendance et pour lesquels il avait régulièrement consulté nombre de spécialistes depuis des décennies. En réalité le père était obsédé par ce problème. À la suite de cette révélation, la consultante apprend que sa mère, qui n'avait pas de relations sexuelles avec son mari, entretenait des liaisons extraconjugales. Il est même fort probable que cet homme avait des tendances homosexuelles ; la consultante se rappelait une scène lors d'un dîner au restaurant avec son père quelques années auparavant : tous deux étaient allés dîner et le serveur particulièrement charmant faisait les yeux doux à la consultante. Flattée, celle-ci s'était adressée à son père en lui demandant si lui aussi avait constaté que le garçon la regardait intensément, ce à quoi le père avait répondu avec agressivité : « Qu'est-ce que tu en sais, peut-être que *c'est moi* qu'il regardait ? » Sur le moment, la consultante n'avait pas relevé la remarque pensant avoir mal entendu. Cependant, à la lumière des révélations du médecin, celle-ci prenait un sens différent.

Ici, c'est le médecin qui, fort heureusement, dévoile le versant obscur de la sexualité du père. S'il est important que sa fille le sache, c'est parce que la personnalité du père et ses complexes cachés vont peser ultérieurement sur le genre d'hommes que l'histoire familiale destine en quelque sorte à la jeune femme. Une fois le secret découvert dans tous ses aspects, il y a peu de chances que l'on s'éprenne d'un homme ayant les mêmes défauts et insuffisances que le père.

Un autre cas concerne une consultante âgée d'une soixantaine d'années dont le mari est mort depuis peu. Dans les semaines qui ont suivi l'enterrement, sa belle-famille, c'est-à-dire les parents de son mari, lui ont avoué un secret majeur, à savoir que leur fils unique (le mari de la consultante) était stérile depuis son adolescence.

Ce fut un immense choc pour la consultante, celle-ci ayant toujours pensé qu'il relevait de sa responsabilité à elle qu'elle et son mari n'aient pas pu avoir d'enfant.

En réalité, le mari se savait stérile depuis toujours mais ne l'avait jamais avoué à son épouse. Ceci confirme le fait que des secrets intimes peuvent être dissimulés au conjoint des années durant.

Cependant ce secret avait été très utile à la consultante : ses deux parents en effet étaient morts accidentellement après sa naissance. Selon cette empreinte généalogique, devenir un parent à la génération suivante était potentiellement dangereux : pour l'inconscient en effet, on « pouvait » mourir après la naissance d'un enfant. Dans ce cas particulier, le secret assurait la protection du couple en évitant le schéma répétitif.

Secrets concernant les comportements dépendants

De nombreux autres secrets concernent les comportements dépendants. Là encore, l'entourage et la descendance sont tenus dans l'ignorance. Voyons un exemple à ce sujet.

Il s'agit d'une consultante dont la mère vient de décéder d'un cancer digestif.

Dans les semaines qui suivent, la consultante apprendra que la *cause réelle* de la maladie de sa mère était une dépendance à l'alcool.

Cette addiction était parfaitement dissimulée à l'entourage, d'autant plus que la mère appartenait à un milieu bourgeois où l'alcoolisme est rarement reconnu comme un comportement psychopathologique, on le considère plutôt comme une discrète accoutumance dénommée *alcoolisme mondain.*

Précisons que les cas d'alcoolisme se retrouvent au sein de la majorité des arbres généalogiques (au moins un des membres de la parenté est concerné).

Les dépendances au tabac, aux médicaments et/ou à la nourriture sont du même ordre.

Parlons ici du sentiment de mélancolie profonde qui s'empare des descendants lorsqu'un secret majeur leur est dévoilé par un tiers. Ce sentiment est dû à une désillusion parfois sévère infligée par l'objet d'amour (le parent) d'autant plus qu'elle survient post mortem.

Cependant, si le secret est connu dans tous ses détails (qui, comment, pourquoi, quand, où...) le sentiment dépressif sera transitoire.

L'investissement affectif vis-à-vis du parent (qui demeurait bloqué jusqu'alors en raison du secret) sera libéré et pourra se manifester à nouveau.

Secrets confiés lors des derniers instants et testament véritable

Une situation – pas si rare – qui place dans une position intenable : sur son lit de mort, un parent vous apprend un secret familial, mais vous demande solennellement de ne jamais le révéler ni aux frères et sœurs ni aux autres membres de la famille.

Par exemple, une mère avoue en confidence avant de mourir à son fils, que son autre enfant, une fille, n'est pas du même père que lui et qu'elle est en réalité l'enfant d'un amant de passage.

La situation est alors extrêmement délicate : on ne peut pas refuser au mourant une dernière volonté (c'est pourtant ce qu'il faudrait faire énergiquement) et l'on se trouve de ce fait douloureusement dissocié du reste de la famille devant laquelle on est condamné à « jouer » un rôle : les relations, à cause de cette information non révélée, sont désormais faussées.

Si, malgré tout, on révèle l'information, on se sent terriblement coupable.

Or, ce sentiment, n'est en fait que la culpabilité même de la personne disparue : la culpabilité, une fois transmise, s'est tout bonnement déplacée.

Signalons qu'elles ne sont pas rares, ces situations dans lesquelles un descendant doit révéler un secret à la place de son parent dont c'était pourtant le devoir.

Ces considérations nous amènent directement à parler du testament. Généralement, lorsque l'on parle de testament, on pense à des biens matériels et financiers.

Or, selon moi, le testament véritable concerne un domaine bien plus large.

Tout parent, s'il n'a pu révéler de son vivant les secrets et détails importants de sa vie (ce qui serait l'idéal), devrait au moins laisser à ses descendants une sorte de journal, des notes, des réflexions qui apporteraient un éclairage différent sur sa personnalité et transmettraient les vérités essentielles de son existence.

Autant que l'argent et les liens matériels, sinon plus, ce que l'on doit transmettre, en effet, ce sont les expériences que l'on a vécues, ce que l'on a pensé et ressenti, ce qui au fil des jours a été déterminant et formateur : tous les détails d'une vie sont révélateurs : les goûts et inclinations, les personnes qu'on a aimées, les rencontres qui furent décisives, les moments de joie et de déprime… Tout cela – et la liste n'est pas exhaustive – serait évoqué dans ces notes, pour le plus grand bien de tous : que de souffrances inutiles, de répétitions inconscientes seraient ainsi évitées…

Mais c'est tout le contraire qui se passe habituellement : disons avec un peu d'humour que l'on doit bien plus souvent se glisser dans la peau d'un Sherlock Holmes des temps modernes lorsqu'il devient nécessaire de résoudre les énigmes de l'histoire familiale.

Or, pour que, dans les temps à venir, se réalise une véritable mutation de la famille, il est indispensable que cette transmission de la vérité familial puisse se faire, avec naturel et sérénité.

La découverte des causes de la disparition

Nous avons précisé qu'une troisième condition était nécessaire au processus de guérison d'une perte parentale.

Après la découverte des circonstances véritables qui ont entouré les décès familiaux majeurs, puis celle des secrets qui n'avaient pas été révélés, il faut en effet chercher les causes de ces disparitions. La question qui se pose est celle-ci : pour quelles raisons parents et aïeux sont-ils morts ?

La cause d'un décès est bien évidemment objective, on sait que le parent est mort de maladie, d'accident ou de crise cardiaque, etc.

Mais plus profondément, outre le plan organique (qui n'est souvent qu'une conséquence), quel a été l'élément déclencheur du décès ?

Pour l'identifier, il existe trois possibilités : la première consiste à rechercher dans les générations précédentes un autre décès et/ou un événement majeur (mariage, naissance) qui seraient *survenus au même âge*.

Cette analyse est particulièrement fructueuse ; on a vu en effet qu'une disparition est largement déterminée par des éléments généalogiques antérieurs qui ont été source de difficultés [2].

La seconde possibilité consiste à dessiner un rapide schéma sur le modèle suivant :

Les cercles concentriques nous permettent de visualiser les événements personnels et familiaux concomitants de la maladie et/ou du décès.

Ils nous indiqueront les éventuelles modifications de l'environnement familial, intime et professionnel qui auront été significatives.

Ces modifications peuvent avoir induit la disparition dans la mesure où elles auraient rouvert d'anciennes blessures et carences familiales (rupture ou divorce, obligation de quitter un lieu ou son emploi...).

Enfin, la troisième possibilité consiste à remonter *dix ans exactement dans la vie du parent, c'est-à-dire dix ans avant la date de son décès.*

2. Lire à ce sujet Elisabeth Horowitz, *Se libérer du temps généalogique*, Paris, Éditions Dervy, 2002.

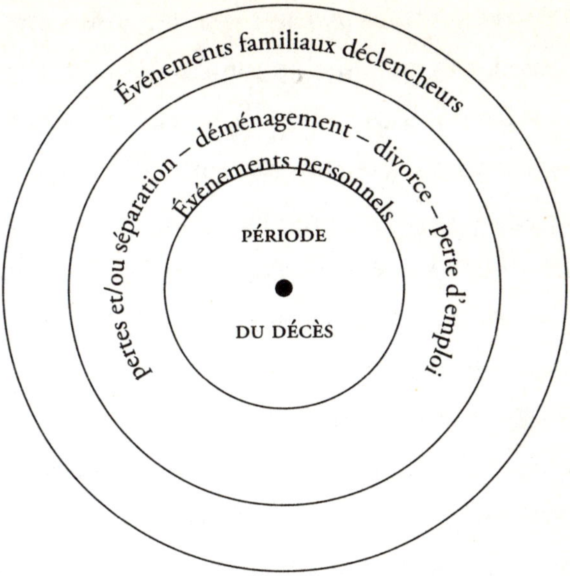

4. ÉVÉNEMENTS PERSONNELS ET FAMILIAUX CONCOMITANTS DE LA MALADIE ET/OU DU DÉCÉS

Pour cela il nous faut, soit faire un petit exercice de mémoire, soit faire appel aux souvenirs d'autres membres de la famille proche.

De la même manière nous traçons un schéma permettant d'établir une rapide synthèse des événements personnels et familiaux de cette période.

Nous tenterons ainsi d'identifier l'événement passé non résolu qui a pu jouer le rôle de déclencheur.

Ce cycle de dix années peut être utilisé pour rechercher les causes véritables des maladies, accidents et décès familiaux qui demeurent secrètes.

Bien des éléments recueillis de cette manière permettront leur élucidation.

Prenons un exemple : il s'agit d'une consultante dont la mère est décédée depuis quelques mois. Pour comprendre la cause de son décès, nous analysons les éléments habituels de la généalogie puis nous regardons ce qui, dix ans auparavant, se passait précisément dans sa vie.

Dix ans plus tôt, se réalisait un souhait qui lui tenait beaucoup à cœur : voir son fils (le frère de notre consultante) débuter des études de médecine.

Si ce fait avait tant compté, c'est parce que la mère voyait dans ces études, en même temps que la valorisation intellectuelle de son enfant préféré, une ascension sociale manifeste, étant donné qu'elle-même n'avait pu faire d'études supérieures.

Or cet espoir allait être cruellement déçu les deux années suivantes, car le fils allait être définitivement recalé à ses examens.

La blessure narcissique, bien que cachée et refoulée, fut très vive, voire dévastatrice (la mère ira jusqu'à demander une enquête officielle destinée à faire la preuve que les examens avaient été manipulés...).

C'est bien dix ans après l'entrée de son fils à l'Université que mourut la mère de la consultante. Ces dix ans commémoraient un échec majeur qui remettait en cause les intenses désirs d'ascension sociale de cette famille.

Nous pouvons affirmer que dix ans constituent un cycle de temps essentiel qui doit être pris en compte dans la compréhension des processus vitaux.

Dans cet exemple, nous avons également précisé à la consultante que si sa mère est décédée en raison de l'échec d'un rêve qui lui tenait beaucoup à cœur pour l'avenir de sa famille, quiconque parviendra à le réaliser ultérieurement en s'intéressant d'une quelconque manière à la médecine connaîtra un grand succès. *Car ainsi la fonction maternelle serait revivifiée.*

Car, nous le savons, depuis la nuit des temps, l'archétype de la mère symbolise développement et prospérité.

Voyons un second exemple pour illustrer notre propos : une consultante me racontait que son ex-mari était décédé exactement dix ans jour pour jour après leur divorce. Au moment du décès, aucun membre de la famille n'avait fait le lien. Au cours de l'analyse, nous étudions minutieusement les dates, ce qui nous permet de ramener le décès à cette

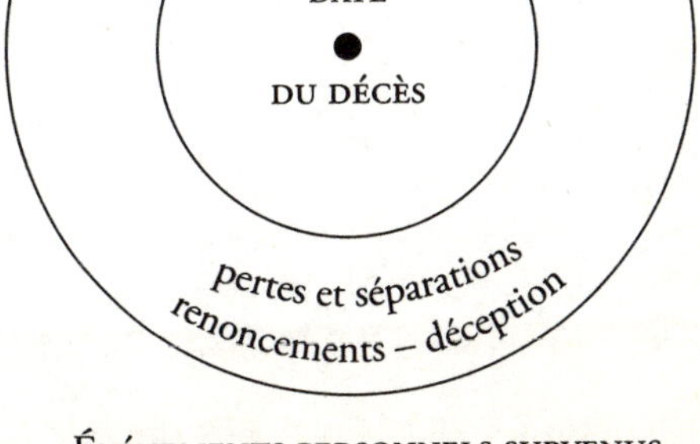

5. Événements personnels survenus dix ans exactement avant la disparition

cause première, manifstement liée à un événement majeur de la vie de son ex-mari.

Grâce à cette étude du temps généalogique, nous constatons que les effets d'une rupture sévère, d'un divorce ou de toute forme d'échec dans la vie personnelle sont influents au niveau psychique. Pendant des années, ils demeurent latents et se manifestent au terme de ce cycle essentiel, dix ans exactement après l'événement.

4.

La perte d'un père : un exemple de Roman Familial

Selon Salvador Dali, la gare de Perpignan se situerait au centre du monde.

Si tel est le cas, c'est donc au centre du monde que je fis l'acquisition d'un livre qui allait être décisif dans l'élaboration de cet ouvrage. Un après-midi du mois de janvier 2004, alors que j'allais prendre le train en direction de l'Espagne, j'achetais dans cette gare les mémoires de Mary Higgins Clarck, célèbre auteur de romans à suspense à l'audience internationale.

Le livre, pour la première fois consacré à la fascinante histoire de sa famille et à la sienne propre, venait de paraître [1]. La description qu'elle faisait du décès prématuré de son père et de ses conséquences futures me fit réfléchir plus profondément encore sur les liens qui existent entre le décès des aïeux et le destin personnel. Le terme *aïeux* est ici générique,

1. Mary Higgins Clarck, *Entre hier et demain. Mémoires*, traduction française, Paris, Éditions Albin Michel, 2003.

les membres de la parenté décédés avant notre naissance ou au cours de notre vie pouvant être soit des arrière-grands-parents, soit des grands-parents, ou nos parents, ou bien des oncles et tantes, des frères et sœurs, etc.

Pour l'étude que je me proposais d'entreprendre, je devais m'appuyer sur une base concrète, vérifiable par chacun.

Écrits simplement et riches d'enseignements, les mémoires de Mary Higgins Clarck me parurent constituer un récit exemplaire et fort approprié à mon projet.

C'est la raison pour laquelle je fis le choix d'en commenter les différents épisodes d'après leur ordre chronologique originel.

Le récit des origines

Les Mémoires de Mary Higgins Clarck retracent en quelque trois cents pages les principaux événements de l'histoire de sa famille.

Cela signifie que la narration va directement aux événements essentiels et que chaque anecdote ou détail possède une grande importance.

C'est un exercice que chacun peut faire chez soi. Les années précédentes, je le proposais aux personnes qui suivaient mes séminaires d'écriture de leur histoire de vie. En effet, pour prendre conscience des différents aspects de son histoire familiale, il faut d'abord en faire le récit détaillé.

Une famille irlandaise en terre américaine

Luke et Nora, les parents de Mary, sont tous les deux d'origine irlandaise.

Comme des millions d'Irlandais avant eux, ils ont émigré aux États-Unis.

Leur traversée de l'Atlantique a lieu au début des années 1900.

Cependant, ce vaste mouvement de population irlandaise avait débuté un siècle auparavant : plusieurs vagues successives d'émigrants avaient débarqué à New York et Boston entre 1810 et 1910.

Un des points culminants de cette émigration massive avait été celui du milieu du XIXe siècle ; Patrick Kennedy, ancêtre fondateur du clan Kennedy et arrière-grand-père paternel de John F. Kennedy en avait fait partie [2], à l'exemple de centaines de milliers d'autres Irlandais contraints à l'exode en raison d'une famine que le gouvernement anglais, alors administrateur de l'Irlande, avait encouragée.

En quelques années, en raison de leur arrivée massive en terre américaine, les Irlandais représentent bientôt, comme à Boston, plus d'un tiers de la population.

2. Elisabeth Horowitz, *Sous l'influence du destin familial. John F. Kennedy et les programmations secrètes de l'arbre généalogique*, Paris, Éditions Dervy, 2003.

Au fil des décennies, cette communauté va acquérir un réel pouvoir politique.

Ainsi le grand-père maternel de John F. Kennedy, John F. Fitzgerald, deviendra-t-il l'un des premiers maires irlandais et catholique de Boston en 1905, l'année où le père de Mary encore jeune homme, arrive en Amérique.

Âgé d'une vingtaine d'années au moment de son débarquement, ce jeune homme est l'aîné d'une fratrie qui compte un autre garçon et une sœur.

Dans les années qui suivent, Luke Higgins devient l'heureux propriétaire d'un pub.

En Amérique, le pub est alors le principal lieu de rencontre et de détente habituels des travailleurs irlandais, sorte de club qui ne tarde pas à devenir le relais de la vie sociale d'un petit quartier. Il offre éclairage et chauffage en hiver, plaques de cuisson, journaux, salle de réunion, toilettes publiques, toutes choses que de simples et pauvres Irlandais ne possèdent parfois pas à leur propre domicile.

Le mariage de Nora et Luke Higgins

Née en 1886, la mère de Mary était acheteuse dans un grand magasin de New York jusqu'à l'époque de son mariage. Entourée de quatre sœurs dans l'enfance la vie de couple l'éloignera quelque peu de May et Agnès, deux de ses sœurs qui vont demeurer célibataires.

Nora et Luke étaient tous deux Irlandais et catholiques ; ils se fréquentèrent pendant plusieurs années avant d'unir leurs destins à l'aube de la quarantaine.

Leur mariage eut lieu en mai 1925 ; quelques mois plus tard, Nora donna naissance à leur premier enfant. Il s'agissait d'un garçon né prématurément le 14 mai 1926. Il fut prénommé Joseph et il est adoré par sa mère.

Mary confiera à ce sujet : « Elle nous aimait tous les trois avec passion, mais il est indiscutable que Joseph tenait la première place dans son cœur. »

Mary naît l'année suivante à New York lors du solstice d'hiver de 1927, précisément le vingt-quatrième jour du mois de décembre.

Naître à une telle date au sein d'une famille profondément catholique est un puissant symbole. De fait, la petite Mary connaîtra une extraordinaire destinée.

Quatre ans plus tard, soit en 1931, le couple donne naissance à un second garçon. John voit le jour alors que Nora, sa mère, fête précisément son quarante-cinquième anniversaire.

Remarquons ici quelques détails généalogiques qui ont leur importance : en donnant naissance à deux fils et une fille, Luke Higgins reproduit sa configuration fraternelle d'origine, d'autre part le troisième enfant naît à la date anniversaire de naissance de sa mère.

Nous savons que les naissances ne se font pas au hasard ; qu'un fils naisse à la même date que sa mère une génération auparavant est significatif.

Joseph 14/05/1926 — Mary 24/12/1927 — John 1931

mariage en 1925

Nora et Luke Higgins

(née en 1886) (née en 1884)

6. Mariage et descendance de Nora et Luke Higgins

Il est possible qu'une date de naissance commune à la mère et au fils permette à Nora de changer de sexe – a posteriori –, car on se rappellera que ses propres parents n'ont eu que des filles.

Dans l'attente de la naissance de John, Luke et Nora ont fait l'acquisition d'une maison, située précisément 1913 Tenbroeck Avenue dans le quartier de Pelham Parkway au sein du Bronx. Cette nouvelle habitation, acquise pour la somme de 10 500 dollars, comporte six pièces ainsi qu'une salle de bains d'appoint séparée.

Mary occupera bientôt une petite chambre dont la fenêtre donne au-dessus de la porte d'entrée.

La famille connaît une certaine prospérité et Luke vient d'acheter une rutilante voiture neuve, une Nash.

Le couple est également propriétaire d'une petite maison d'été dans Silver Beach Gardens, à l'extrémité Est du Bronx sur Long Island Sound.

Le début des mauvais jours

En 1929, la crise qui affecte la Bourse de Wall Street éclate au mois d'octobre. En quelques jours, le capital et les économies de millions de familles américaines disparaissent dans un Krach inattendu, alors même que les experts financiers prévoyaient des cours à la hausse pour l'année suivante.

Quelques mois plus tard, mille trois cent banques américaines sont déclarées en faillite, il y a quatre millions de chômeurs, huit l'année suivante.

L'agriculture s'effondre, alors que les bidonvilles et les soupes populaires se multiplient.

En 1932, trois ans après la faillite de Wall Street, la crise économique est à son paroxysme. Douze millions d'Américains sont sans emploi, la production industrielle a diminué de moitié et les cours des denrées agricoles se sont effondrés.

Hoover, le président en place, est conspué pour sa politique attentiste. Après une rude bataille politique, Franklin Delano Roosevelt est alors désigné comme candidat à l'élection présidentielle par le parti démocrate.

Il sera élu et installera aussitôt un ample et ambitieux programme de réformes baptisé *New Deal*. Cependant, le pays mettra plusieurs années avant de se relever d'un recul économique sans précédent.

De ces années, Mary se rappelle que sa mère ouvrait sa porte à des pauvres gens qui avaient perdu leur travail et n'avaient plus rien à manger. Elle faisait preuve de générosité et ne manquait pas de leur offrir une boisson chaude, voire quelque chose à manger, un œuf à la coque, un toast ou un sandwich.

Mary et ses frères ont eux-mêmes un sou par semaine pour un gobelet en carton rempli de glace à la crème et un sou pour un cornet le dimanche.

Les premiers temps, la famille de Mary est épargnée par la crise, elle emploie encore « Lally », une femme de ménage et possède deux abonnements quotidiens au *Times*. Au fil des mois pourtant, la situation financière se dégrade progressivement.

Le couple et ses trois enfants vivent des revenus d'un commerce jadis florissant mais qui rapporte de moins en moins d'argent.

En raison de la récession, les clients se font plus rares et, pour conserver sa clientèle, le père de Mary doit accepter de faire crédit pour les boissons et les repas. Bientôt, même les clients les plus fidèles ne peuvent plus honorer leurs dettes.

Luke doit donner leur congé aux trois employés qui se trouvaient à son service jusqu'alors.

Dorénavant il ne peut compter que sur ses propres forces pour gérer son entreprise, à savoir rentrer la marchandise, s'occuper de la comptabilité, servir repas et boissons aux clients.

Tout son temps est consacré à son travail et il ne voit ses enfants qu'en fin d'après-midi pour un rapide dîner avant de reprendre son activité jusqu'à trois heures du matin.

Pour faire rentrer un peu d'argent, Nora décide de louer une petite chambre au sein de leur maison. Malheureusement, leur première locataire se montre particulièrement bruyante, elle fait sa toilette à cinq heures et demie du matin, va et vient de sa petite pièce à la salle de bains et fait claquer ses mules à talons hauts en tirant la chasse d'eau toutes les deux minutes.

Or, la salle de bains est mitoyenne de la chambre du père. Déjà épuisé par son travail, celui-ci ne parvient plus à se reposer convenablement.

« J'ai su au moment où je me suis précipitée dans l'escalier, courant dans le couloir jusqu'à sa chambre, tombant à genoux et lui saisissant la main, que papa nous avait quittés. »

La mort du père et son mystère

Le père de Mary, un homme énergique et robuste d'un mètre quatre-vingts, meurt durant son sommeil en ce samedi 6 mai 1939.

Encore jeune – il avait alors cinquante-quatre ans –, il n'a vraisemblablement pas pu faire face aux difficultés matérielles qui s'amoncelaient.

Deux jours plus tard, soit le lundi de la semaine suivante, il aurait dû se présenter au tribunal, un fournisseur de boissons qui livrait son établissement ayant déposé une plainte pour un retard de paiement concernant plusieurs échéances.

Il avait refusé de demander un délai de paiement – comme Nora, son épouse l'avait pressé de le faire – et le jugement avait été rendu contre lui.

Luke Higgins aurait pu évoquer le fait qu'il était loin d'être le seul à ne plus pouvoir honorer ses traites ; à l'évidence, d'autres confrères souffraient de la crise, comme lui. À cette époque, le marasme économique concernait toutes les couches de la population et pratiquement tous les secteurs d'activité.

Selon Mary, il n'avait pu se résoudre à cet échec et se sentait atteint dans son honneur.

Pour un Américain de souche, les aléas de l'économie pouvaient être plus facilement surmontés que pour un immigrant, dont la situation précaire amplifait les difficultés sociales et financières.

Car ce qui justifiait l'émigration en effet, c'était l'espoir d'une vie meilleure et la possibilité d'une réelle prospérité. Dans une telle situation, le déclin matériel est dévastateur car il fait la preuve que l'on s'est trompé et qu'il était inutile de traverser l'Atlantique.

Quoi qu'il en soit, le fait que le père soit mort durant son sommeil va empêcher sa famille d'en faire véritablement le deuil, comme nous pourrons le constater : personne n'a assisté à la mort du père, personne n'en a été témoin et personne ne sait exactement ce qui s'est passé.

Le père a-t-il été victime d'une crise cardiaque, s'est-il suicidé ?

Ni sa femme ni ses enfants ne peuvent rien affirmer avec certitude.

Devenir citoyen américain

Le père était né à Roscommon en Irlande. Il était le fils préféré de son propre père et était arrivé aux États-Unis en 1905 à l'âge de vingt et un ans.

Mary possède le document qui fait état de son passage à Ellis Island, indiquant qu'il avait cinq livres en poche. Son frère et sa sœur aînée le rejoindront en Amérique deux ans plus tard.

Il devient officiellement citoyen américain dix ans plus tard en 1915.

À cette époque, il doit jurer qu'il n'est ni anarchiste, ni polygame et qu'il renonce à son loyalisme envers la couronne de George V, roi d'Angleterre.

Rappelons que l'émigration est un événement majeur qui fragilise l'être.

Elle se double d'un renoncement qui, s'il nous paraît un simple détail aujourd'hui, n'en constitue pas moins un fait central.

Il nous suffit d'imaginer que nous émigrons dans une terre étrangère et que nous devons renoncer à notre loyalisme vis-à-vis de notre pays d'origine…

« La petite chérie de son papa »

Mary précise : « Ils furent trop courts les moments que j'ai passés avec lui. Je suis heureuse d'avoir souffert de crises d'asthme qui m'ont souvent empêchée d'aller à l'école. Lorsqu'elles survenaient, je demeurais une partie de la nuit éveillée, le matin venu je descendais pour partager le petit-déjeuner de mon père. »

Elle dit avoir toujours été la « petite chérie de son papa ». Elle ajoute que les premiers émigrants appelaient *tortience* ce lien particulier qui existe souvent entre père et fille.

Née en décembre 1927, Mary a onze ans et demi au moment de la mort de son père. Le début de la puberté.

Même si, dans le cas présent, de graves raisons extérieures peuvent être évoquées pour expliquer le décès prématuré du père, il nous faut également regarder les modifications éventuelles à l'intérieur du groupe familial.

Rappelons-nous que le décès des membres de la parenté se produit en *coïncidence significative* avec d'autres événements avec lesquels on ne fait habituellement pas le lien [3].

Ici, nous pouvons remarquer cette coïncidence significative : le père décède au moment où son unique fille entre dans la puberté (premières règles).

3. Elisabeth Horowitz, *La Maladie, une mémoire généalogique. Comprendre son roman familial pour guérir*, Paris, Éditions Dervy, 2004.

Les premières menstruations sont particulièrement significatives pour la parenté. C'est la raison pour laquelle durant cette période nous rencontrons autant de manifestations psychiques et corporelles dans l'entourage proche.

Si elles renvoient les mères à leur propre adolescence, elles concernent également les pères. Rappelons que les menstruations signifient qu'il n'y a pas eu de fécondation. *Aussi les pères sont-ils renvoyés à leur propre virilité, à leur affirmation sexuelle, sociale et financière et à leur capacité de croissance personnelle.* Si ces éléments demeurent fragiles voire infantiles, les troubles de santé apparaissent.

Le père est alors confronté à lui-même. Soit *il peut* soit *il ne peut pas* surmonter les situations qui lui demandent d'affirmer sa masculinité.

Un quotidien difficile

Après la mort du père, la vie est difficile.

Dix ans après la grande crise, l'économie du pays est encore très fragile et l'emploi se fait rare. Nombre de citoyens américains demeurent dans une situation précaire et les lendemains sont incertains.

Nora, désormais veuve avec trois enfants à éduquer, essaye en vain de trouver un travail. Elle a cinquante-deux ans et n'a pas travaillé depuis plusieurs années.

Les différents employeurs qu'elle contacte la découragent rapidement.

Elle doit se résoudre à prendre des locataires, c'est-à-dire louer deux chambres rendues disponibles, puis leur garage, pour payer les intérêts de l'emprunt et les impôts de la maison.

La salle à manger est transformée en dortoir. Joseph doit prendre un emploi de livreur de journaux. Nora et Mary font du baby-sitting.

Plusieurs locataires – dont certains se révèleront plutôt fantaisistes – se succèdent au fil des mois.

La fragilisation du fils aîné, premier effet du décès prématuré du père

Joseph, le frère aîné de Mary, a treize ans au moment de la mort de leur père.

Bien que choyé depuis sa naissance par sa mère (cet amour et ce soutien maternel lui permettront de recevoir tous les ans le prix d'excellence à Saint-Francois-Xavier, l'école catholique qu'il fréquente), la disparition de son père va avoir pour lui de fatales conséquences.

C'est ainsi que, six mois après la mort de son père, Joseph se coupe le talon sur le bord métallique d'un seuil de porte.

Le psychologue John Bowlby précise à ce sujet : « De nombreux cliniciens pensent que les enfants qui sont malheureux, y compris ceux qui ont été endeuillés, sont plus sujets que d'autres à avoir des accidents[4] ».

4. John Bowlby, *Attachement et perte*, tome 3, *La perte*, traduction française, Paris, Presses Universitaires de France, 1984, p. 493.

L'infection gagne rapidement l'organisme tout entier et, en l'espace d'une semaine, atteint d'ostéomyélite, l'enfant est hospitalisé dans un état critique.

Le corps médical annonce qu'il faut lui amputer la jambe à hauteur de la hanche pour pouvoir le sauver. La mère prend le risque de décider de refuser l'opération afin d'éviter à son fils une infirmité définitive.

Cet accident est d'autant plus grave que le jeune garçon se montre un excellent athlète (il est alors capitaine de l'équipe sportive).

Aux États-Unis, un très bon élève doublé d'un excellent sportif est un véritable héros vénéré par ses camarades.

Signalons également que les pathologies concernant les membres inférieurs se manifestent souvent chez les émigrants et leurs descendants.

En effet ces pathologies visent inconsciemment à interdire de quitter la terre natale, même s'ils se manifestent a posteriori comme c'est le cas ici.

Lorsque le père décède prématurément, son fils aîné est beaucoup plus exposé que les autres enfants. Dans ce cas notamment il n'existe pas d'autres figures masculines d'importance dans l'entourage familial proche.

Le grand-père paternel est demeuré en Irlande et la mère n'a que des sœurs.

Privé d'exemple pour affirmer sa masculinité au moment de la puberté, il manque donc mourir à son tour dans les semaines qui suivent la mort du père.

La foi de la mère et son attitude protectrice sauvent momentanément le fils aîné d'une mort annoncée. (Les médecins n'avaient plus aucun espoir de voir le jeune Joseph se rétablir). La mère promit même à son fils aîné que celui-ci pourrait se servir de sa crosse de hockey l'année suivante.

Voisins et amis viennent donner leur sang en cette fin d'année. Warren Clarck, le fils d'un voisin, frais émoulu de l'université, est de ceux-là. Il vient au chevet du malade en ce 24 décembre 1939, jour du douzième anniversaire de Mary. Il deviendra plus tard l'époux de celle-ci.

Par chance, et en dernier recours, les médecins décident alors de proposer l'utilisation d'un tout nouveau médicament, le sulfamide.

Nora donne son autorisation et Joseph se rétablit progressivement sans aucune séquelle. De fait, nulle trace de claudication ne subsistera dans les années qui suivront.

Mary obtient une bourse d'étude

Mary obtient une bourse pour continuer ses études. Elle entre à la Villa Maria Academy, une école religieuse huppée, gérée par la congrégation de Notre-Dame-de-Montréal. La famille s'inquiète cependant de ce que la jeune adolescente n'ait pas les mêmes moyens financiers que les autres élèves, mais Nora, sa propre mère, l'encourage dans ce choix.

Mary reçoit une excellente éducation et acquiert ainsi le sentiment de sa valeur personnelle. Elle est soutenue dans ses tentatives d'écriture, et passe même son temps à écrire, négligeant quelque peu les autres matières (science et mathématiques).

À seize ans, elle tente pour la première fois de vendre les nouvelles qu'elle a écrites et les fait parvenir à un magazine : mais elles lui sont rapidement retournées. Elle travaille trois soirs par semaine et le week-end comme standardiste à l'ancien hôtel Shelton. Elle confie : « Pour un futur écrivain, c'était le job rêvé. Je découvris rapidement comment écouter les conversations à l'insu des clients. »

Le grand auteur Tennessee Williams résidait dans cet hôtel à la même période. Même si Mary avoue n'avoir rien appris de fascinant de sa part, c'est néanmoins déjà un signe du destin…

En dépit des efforts combinés de la mère et des enfants (les locataires, le travail de Mary au Shelton, les baby-sittings de Nora et la distribution de journaux par Joseph), la petite famille ne parvient pas à faire face aux charges financières.

La vente de la maison familiale

Ils vont devoir abandonner leur propre maison. L'entourage conseille alors à Nora de retirer Joseph de l'école pour le mettre au travail, mais elle refuse. « L'éducation est plus importante que n'importe quelle maison, dit-elle catégoriquement. Joseph aura son diplôme. »

Ils déménagent donc pour habiter, près de la ligne de tramway, un trois-pièces où leurs affaires s'entassèrent. Mary précise : « Elle pensait un jour pouvoir récupérer sa maison et chaque fois qu'elle allait dans notre ancien quartier, elle avait les larmes aux yeux en voyant s'épanouir les rosiers qu'elle avait plantés. »

Pourquoi la maison est-elle si importante dans ce cas ?

Parce que le dernier lien avec le père se dissout. Rappelons que c'est lui qui avait acheté cette maison. Elle représentait donc le rattachement concret au père.

S'en séparer, c'est voir disparaître le dernier élément paternel protecteur.

Aussi est-ce particulièrement décisif, notamment pour le fils aîné précocement fragilisé et qui a déjà eu un premier grave accident.

D'un point de vue symbolique, la maison semble constituer une seconde peau. (c'est à dire une forme d'identité)

Parce qu'il se substitue souvent au sentiment de sécurité que devrait offrir la parenté, l'habitat est essentiel à chacun. Si les êtres peuvent faire preuve d'inconstance et ne sont que « de passage », le lieu, la maison semble offrir une permanence qui fait défaut aux relations personnelles.

C'est la raison pour laquelle nous pouvons remarquer que certains troubles de santé se manifestent lorsqu'il existe un enjeu majeur concernant l'habitat.

Déménagements, locations, achats et ventes de maisons rythment ainsi le roman familial de chacun et chacune d'entre nous.

La perte d'une maison semble parfois correspondre à la perte du dernier symbole de confiance et de stabilité indispensables à la vie.

Dans le cas des Higgins, il s'ajoute à cette perte un sentiment de régression sociale. La famille habite désormais un simple trois-pièces et l'espace réservé à chacun s'en trouve d'autant plus restreint.

La perte des biens va faire resurgir les conditions dans lesquelles le père a trouvé la mort.

La première situation (devoir abandonner le commerce qui faisait vivre la famille) a fait disparaître le père, la seconde situation (devoir abandonner la maison familiale) va faire disparaître le fils aîné, dans l'impossibilité (comme le père, bien que pour des raisons différentes) de pouvoir subvenir aux besoins de la famille.

Le décès inattendu du fils aîné

En 1944, Joseph eut dix-huit ans, il termina ses études au lycée puis s'engagea immédiatement dans la marine.

S'il souhaite s'engager au plus vite c'est que, tous les symboles paternels ayant disparu, l'armée va représenter en cette matière le symbole le plus puissant.

L'armée est en effet susceptible d'offrir les symboles masculins et paternels qu'un adolescent espère : encadrement, autorité, éducation, discipline, virilité.

La guerre avait éclaté trois ans auparavant sur deux fronts.

Le 8 décembre 1941 l'attaque surprise des Japonais avait fait plus de deux mille morts, dix-neuf navires américains avaient été coulés et Roosevelt avait déclaré la guerre sans attendre. Trois jours plus tard, l'Allemagne et l'Italie avaient à leur tour déclaré la guerre aux États-Unis.

Un quartier général est établi à la Maison Blanche. Auprès de Roosevelt, le général Dwight Eisenhower est chargé de préparer avec l'État-major britannique les projets de débarquement allié en Europe. Le général MacArthur reçoit le commandement des forces américaines en Extrême-Orient. Très rapidement, le Président commande pour cent milliards de matériel militaire et l'ensemble du pays participe à l'effort de guerre.

Seize millions d'Américains et quatre cent mille Américaines sont engagés.

Joseph Higgins ne participera pas à l'effort de guerre. Quelques semaines après s'être engagé, il contracte une méningite cérébro-spinale durant sa période de formation réglementaire.

Il est mourant lorsque six mois plus tard Nora se rend à son chevet à l'hôpital naval de Long Beach en Californie.

Son frère John a alors treize ans, soit l'âge de Joseph lui-même au moment de la mort de leur père.

Dans la deuxième partie de cet ouvrage, nous étudierons les autres événements qui se succéderont au sein de ce Roman Familial.

5.

La perte de la parenté : influences sur la santé

Le chapitre précédent nous a permis de montrer la relation évidente entre la mort d'un père et la détérioration quasi immédiate de la santé de son fils aîné.

Le présent chapitre mettra en évidence les mécanismes qui relient la perte de la parenté et l'émergence de différentes maladies et symptômes.

Le psychologue américain Murray Bowen précise : « Dans les semaines ou les mois qui suivent un décès, on peut noter l'augmentation des infections respiratoires, premières apparitions de maladies qui deviendront chroniques comme le diabète ou les allergies, des maladies graves qui peuvent requérir des opérations chirurgicales, des symptômes émotionnels tels que les phobies ou la dépression, épisodes psychotiques, dysfonctionnements sociaux comme rendement scolaire ou professionnel, accroissement du nombre d'avortements, de naissances illégitimes et d'accidents..., etc. [1] »

1. Murray Bowen, « Family reaction to death » in *American Journal of Orthopsychiatry*, 1976, p. 321-337.

Tout d'abord, lorsqu'un symptôme sérieux apparaît sur le plan physiologique (que celui-ci concerne l'appareil cardio-vasculaire, respiratoire ou digestif sous la forme de maladie ou d'accident) ou sur le plan psychique (insomnies, perte du goût de vivre, anxiété et dépression), on devrait toujours se demander si un décès est survenu au sein de la parenté dans les semaines ou les mois précédents.

En effet, la perte d'un parent joue un rôle majeur voire déterminant dans la genèse de la maladie. Il n'existe pas d'événement plus intense (au plan psychique) que la perte définitive d'un membre de la parenté (conjoint inclus).

La gravité et la durée des réactions organiques et psychologiques qui vont suivre cet événement majeur vont nous renseigner sur la difficulté voire l'impossibilité d'assumer le deuil en raison de secrets entourant le décès et/ou de secrets non révélés par la personne récemment décédée, situations que nous avons décrites dans les chapitres précédents.

Ainsi, la maladie constitue-t-elle une réaction fréquente bien qu'inconsciente à la disparition d'un membre de la parenté[2].

Aussi, dans les cas de maladies graves et dégénératives (leucémie, cancer), il est impératif d'établir immédiatement la relation de cause à effet entre la perte d'un des membres de la famille et l'apparition des premiers symptômes.

---

2. Elisabeth Horowitz, *La Maladie, une mémoire généalogique. Comprendre son roman familial pour guérir*, Paris, Éditions Dervy, 2004.

Les cas les plus fréquents concernent la mort du père ou de la mère ou de l'un des frères et sœurs dans les mois précédents.

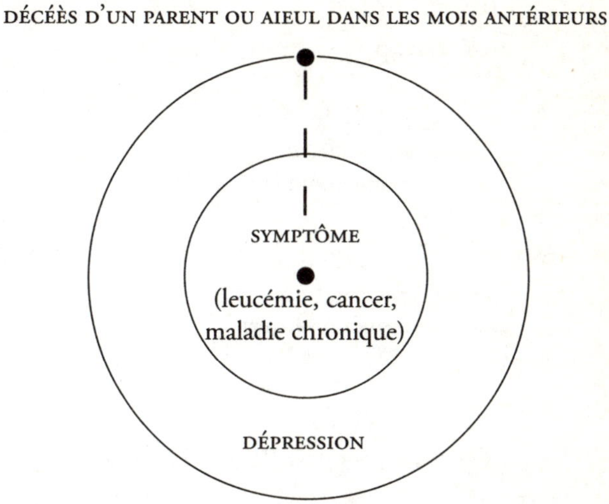

7. APPARITION D'UN SYMPTÔME EN RELATION AVEC UN DÉCÈS DANS LA PARENTÉ

LE DEUIL PEUT ÊTRE AMPLIFIÉ EN RAISON DE CARENCES ANTÉRIEURES DANS LA LIGNÉE

Si, en lui-même, le décès d'un père est fragilisant, *il se trouve considérablement amplifié dans ses effets lorsque les aïeux masculins de la lignée* (les grands-parents et arrière-grands-parents) *étaient absents ou irresponsables et donc source de difficultés majeures pour leurs descendants.*

D'une certaine manière, en effet, les liens entre père et enfant(s) avaient déjà été précédemment rompus.

Voyons les cas :

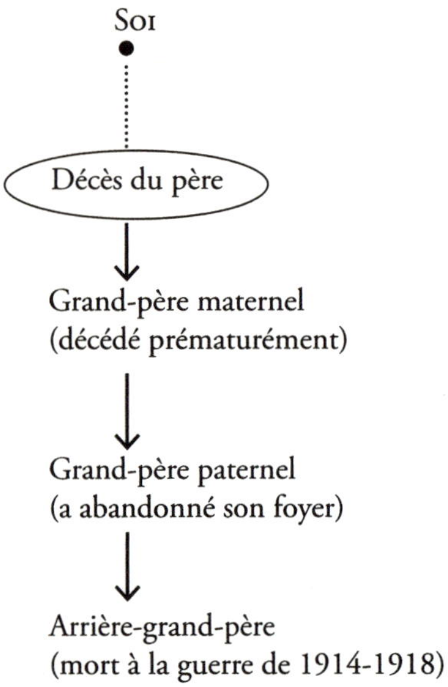

8. Amplification du deuil
(carences antérieures dans la lignée masculine)

Comme nous l'indique l'illustration ci-dessus, lorsque l'arbre généalogique comporte des situations telles que : grands-pères n'ayant pas reconnu leur enfant, ayant abandonné leur foyer ou bien étant décédés prématurément par accident, par maladie, ou suicide, arrière-grands-pères décédés prématurément à la guerre, etc., *nous sommes en présence d'anciennes carences paternelles qui rendront ultérieurement le décès d'un père d'autant plus bouleversant.*

De manière identique, le décès d'une mère peut être amplifié dans ses effets *lorsque les anciennes figures maternelles (grands-mères et arrière-grands-mères) ont été absentes ou sources de difficultés pour leur descendance.*

Tout se passe comme si les liens entre la mère et les enfants avaient antérieurement été rompus d'une quelconque manière.

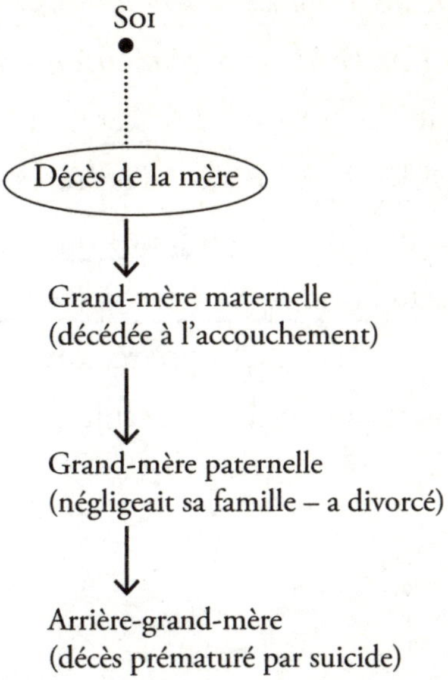

9. Amplification du deuil
(carences antérieures dans la lignée féminine)

Comme nous le montre le schéma ci-dessus, ceci est le cas lorsque les grands-mères ou les arrière-grand-mères sont mortes au moment de l'accouchement ou ont abandonné un enfant après sa naissance, quitté leur foyer ou sont mortes prématurément par maladie, accident ou suicide.

Nous sommes en présence de carences maternelles antérieures qui rendront ultérieurement le décès d'une mère d'autant plus bouleversant, voire dévastateur. Pour en comprendre la portée, nous devons établir rapidement cette illustration graphique qui résume les événements majeurs survenus dans les générations précédentes.

Il en est de même en ce qui concerne la relation fraternelle.

La perte d'un frère ou d'une sœur sera amplifiée dans ses effets lorsque les relations fraternelles des générations précédentes ont été troublées. C'est le cas lorsque des frères et sœurs avaient un écart d'âge considérable, lorsque des frères ou des sœurs (ou des frères et sœurs) ont été éloignés ou séparés, lorsque des frères et sœurs étaient de parents différents, lorsque des demi-frères et sœurs ont été cachés parce que illégitimes...

Voyons une illustration qui récapitulera ces principales situations.

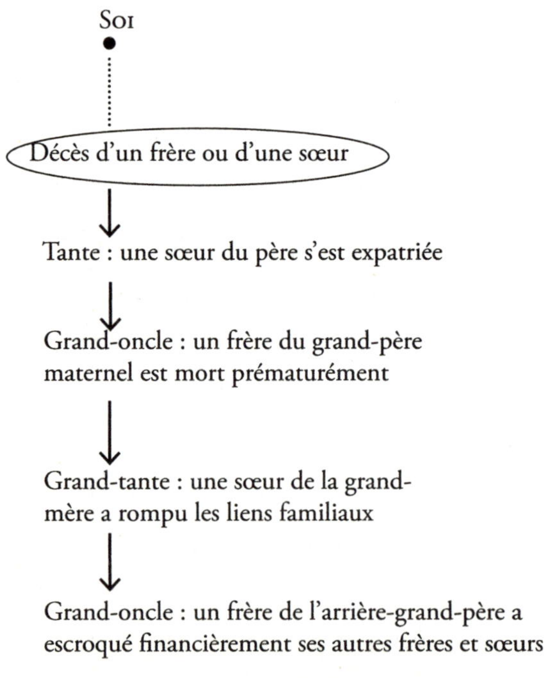

10. Amplification du deuil
(carences antérieures dans les liens fraternels)

Les différentes situations évoquées expliquent la raison pour laquelle un deuil, celui du père, de la mère ou d'un frère ou d'une sœur, voire du conjoint (à ce propos on examinera dans le détail l'histoire des couples de la lignée) peut être décisif en termes de santé.

Les cas de maladies dégénératives, cancer et leucémie qui se manifestent à la suite d'un deuil doivent – en raison de leur gravité – laisser supposer qu'il existe des antécédents familiaux que la perte a réactivés.

Par exemple, dans une famille où grand-père et arrière-grand-père ont abandonné leur foyer sans subvenir aux besoins de leurs enfants ou sont décédés prématurément, la mort d'un père va avoir une grande incidence. Elle va créer un vide d'autant plus mal ressenti que ce vide existait déjà, une ou deux générations plus tôt. Il s'agit donc d'une réitération.

Une disparition peut agir comme une lame de fond, elle met parfois à jour la fragilité des modèles ancestraux, les blessures anciennes qui ont été oubliées ou bien refoulées depuis des décennies. L'accumulation de situations délicates fragilise la descendance qui réagira d'autant plus fortement à toute nouvelle perte affective de première importance.

La remise en scène de la maladie

Outre le fait que les secrets entourant la disparition d'un membre de la parenté empêchent d'en faire véritablement le deuil, comme nous l'avons analysé précédemment, il existe une conséquence beaucoup plus grave au maintien des secrets qui concernent les circonstances de la disparition d'un être cher.

En effet, les autres membres de la parenté – maintenus dans l'ignorance ou dans le secret – *vont inconsciemment rejouer ou remettre en scène la maladie ou l'accident afin d'en découvrir par eux-mêmes tous les aspects.*

Car le secret conduit à la répétition. Ce qui est vrai pour d'autres situations et dans d'autres domaines de la vie l'est également pour la santé.

De même que l'on répète sans en être conscient les modèles transmis par les générations précédentes, à savoir les mêmes types de relations, d'alliance, d'activité, les mêmes comportements, *de même les symptômes se répètent, à l'identique, au niveau du corps.*

Nous verrons qu'il est possible que le corps de la personne malade *retrace l'histoire du corps d'un autre. Une lésion et/ou un dysfonctionnement organique peuvent renvoyer à une zone corporelle identique et significative d'une autre personne de la parenté.*

Les organes ou parties du corps qui nous font souffrir peuvent être ceux-là mêmes qui ont été touchés chez le parent disparu au moment de sa mort.

Dès lors la répétition n'a d'autre finalité que de nous faire revivre l'événement afin de nous en rendre pleinement conscients.

On devrait envisager l'hypothèse d'une répétition lorsque l'un des descendants réitère à l'identique les mêmes symptômes quelques mois ou même quelques années après le décès de son parent. La répétition indique que dans le déroulement de la maladie initiale et le décès demeurent bien des éléments inconnus *que la conscience doit découvrir et intégrer pour poursuivre son évolution.*

Si l'hypothèse d'une répétition est confirmée, *on procédera alors à une enquête familiale immédiate concernant le décès initial, les circonstances et les modalités de cet événement dans leurs moindres détails.* On évitera ainsi la progression de la maladie, la répétition devenant inutile lorsque les aspects obscurs ont été suffisamment éclairés.

Sauver son parent *a posteriori*

À plusieurs reprises j'ai pu constater qu'un descendant reprenait le symptôme d'un parent ou aïeul à son compte (parfois aussi celui d'un frère, d'une sœur) pour une raison évidente : *il s'agit de tenter de guérir le parent* a posteriori, *car pour l'inconscient le temps linéaire semble ne pas exister.*

Ce qui explique que peuvent se rejouer des situations anciennes à dix, vingt, cinquante, cent ans d'intervalle.

Précisons que les cancers qui touchent l'adolescent sont tout à fait concernés par cette remise en scène du symptôme après la mort de l'un des grands-parents.

Comme ils sont jeunes et débordants de vitalité, l'inconscient familial élit en quelque sorte leur corps de façon préférentielle.

Via leur corps l'inconscient familial rejoue la maladie du parent dans l'espoir de le guérir de cette maladie, *bien qu'il soit mort quelques mois ou années auparavant.*

Disparaître avec l'objet d'amour

Il peut aussi s'agir de rejoindre la personne disparue, tant sa présence était indispensable à la poursuite de l'existence. Cette situation se remarque chez les enfants dont le père ou le mère viennent de décéder.

À ce sujet, John Bowlby cite le cas d'un enfant dont la mère vient de mourir et qui dit « vouloir se blesser et être malade et mourir pour communiquer avec elle ».

Chez les adultes, les maladies graves qui se déclarent après la perte d'un parent peuvent laisser entrevoir *le désir inconscient de disparaître avec l'objet aimé.*

Cette situation se rencontre lorsque le parent semblait être indispensable à la vie, et ceci dans deux cas plus particulièrement : *lorsque le parent s'était montré particulièrement possessif et lorsqu'il avait illuminé l'existence de son rayonnement.*

La première situation se rencontre généralement auprès d'hommes ou de femmes dont la mère était dominante et possessive. Elle vivait en fusion avec son enfant, le père étant parti, remarié ou décédé prématurément.

C'est la raison pour laquelle la mère entretenait une relation étroite voire étouffante avec son enfant, les deux êtres étant indissolublement liés.

Bien connus en effet sont les cas de jeunes hommes sous l'emprise d'une mère possessive qui deviennent malades quelques mois après la disparition de celle-ci.

La seconde situation se rencontre lorsque le parent s'était montré une personnalité puissante, démonstrative, attrayante et généreuse.

Quand il vient à disparaître, l'existence semble perdre toute magie et tout enchantement, seuls demeurent contraintes, ennui et obligations diverses.

Une fois encore on remarquera l'émergence de la maladie chez certaines femmes dont le père possédait cette personnalité charismatique aussi bien dans la sphère privée que dans la vie sociale.

D'une façon générale la disparition d'un parent dominant et idéalisé entraîne des réactions majeures en termes de santé.

Nous précisions dans notre précédent ouvrage consacré à la maladie : « Il peut exister une véritable fascination envers les personnalités dominantes de l'arbre généalogique qui selon l'expression de C. G.Jung "posséderaient le *mana*" ».

Ainsi, une personnalité dominante peut être un parent ou aïeul qui a durablement marqué la lignée par sa présence charismatique ou ses actes dans la vie sociale.

Citons à ce sujet les cas où un aïeul a accumulé une grande fortune, celui où un oncle a occupé un poste officiel de prestige, une grand-mère artiste devenue célèbre en son temps, une mère à la personnalité fantasque, originale et anticonformiste, un père en avance sur son époque et inventeur de quelque nouvel objet ou technique, un grand-oncle intellectuel de renom possédant du génie, un arrière-grand-père ayant voyagé à travers le monde, un grand-père ayant été décoré pour des actes de bravoure à la guerre, etc.

Présentés comme les héros familiaux, ils constituent les modèles qu'il faut absolument imiter pour être dignes d'amour même si leur comportement était en même temps hostile et agressif, voire violent. Le parent ou l'aïeul est investi comme une figure dominante de l'arbre généalogique qui, telle une divinité, s'avère fascinante. Les vies des descendants peuvent parfois lui être totalement assujetties.

Développer un même symptôme n'est plus un acte banal mais équivaut alors à une « participation mystique ».

Qui autour de vous aurait pu éprouver un tel symptôme ?

« L'identification représente la forme la plus primitive de l'attachement affectif », écrit Sigmund Freud en 1921, et John Bowlby précise de son côté : « Les cas où les personnes endeuillées vont développer des symptômes qui sont la reproduction de ceux dont souffrait la personne morte sont particulièrement frappants. »

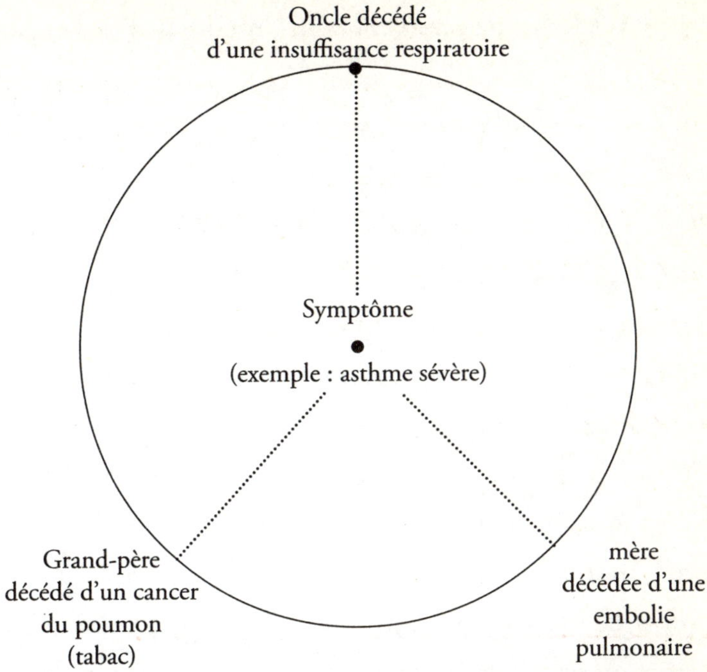

11. RECHERCHE DE POSSIBLES IDENTIFICATIONS AVEC LES PARENTS DISPARUS

Grâce au processus d'identification, la personne disparue n'est pas totalement perdue puisque la voilà maintenant inscrite dans le moi.

Les désirs inconscients de se rendre semblable au mort s'expriment dans l'apparition de symptômes et des tendances autodestructices.

Quelques exemples : un petit garçon tombe du rebord de la fenêtre et se casse le coude ; sa mère, avant de mourir, tombait de son lit sans parvenir à se relever,... un jeune garçon souffre de céphalées après la mort de son père ; ce dernier était décédé d'une hémorragie cérébrale,... un adolescent souffre de maux d'oreilles après avoir vu le cadavre de son grand-père (de la matière cervicale lui coulait par l'oreille), etc.

On peut s'identifier au disparu dans l'image de lui qu'il donnait au moment de sa maladie (en présentant les symptômes peu après) ou dans celle qu'il donnait auparavant à certaines époques de son existence.

Certains cas d'homosexualité relèvent ainsi d'une identification à un parent de sexe opposé, une mère ou une grand-mère décédée depuis un certain temps. Cela explique également que l'apparence physique puisse être complétement décalée par rapport au présent : on « incarne » le parent dans l'époque même où celui-ci vivait.

L'identification à un membre de la parenté, que celui-ci soit mort ou vivant, s'établit en quelque sorte naturellement lorsque l'on porte le prénom d'un membre de la parenté décédé de maladie ou lorsque notre date de naissance correspond exactement à celle d'un parent lui aussi malade ou décédé de maladie.

Nous avons déjà eu l'occasion de souligner l'influence du prénom et de la date de naissance dans le déroulement de la destinée. Ils peuvent nous relier très fortement à des parents auxquels nous avons été identifiés sans le désirer. (ou sans le savoir)

Si tel est le cas, il nous sera nécessaire d'analyser dans le détail la vie du parent, avec pour objectif premier de nous soustraire à une répétition inutile.

Développer un même symptôme permet de réaffirmer la filiation

Il existe le désir de réaffirmer que l'on est bien *l'enfant de…* en s'appropriant le même symptôme qu'un parent décédé.

Dans les consultations, il nous est arrivé de constater que des enfants pouvaient développer la même maladie que leur père, alors que celui-ci n'est pas leur géniteur. Dans ces cas où l'enfant, reconnu par un beau-père, n'est pas son fils biologique, la maladie sert à réaffirmer la filiation. Par la maladie l'enfant cherche à faire la preuve qu'il est un fils en quelque sorte légitime. En développant des symptômes spécifiques semblables à ceux qui distinguent le corps du père, il souhaite faire état d'une filiation commune.

Ce processus se remarque également, même si les enjeux sont moins importants.

Nous avons précédemment évoqué le fait que de nombreux adultes ont manqué de soutien parental. D'un point de vue tout à fait extérieur, il semble que nous ayons tous été convenablement éduqués. Il s'avère pourtant que de nombreuses carences persistent à l'âge adulte. Ces carences sont liées au sentiment de ne pas être positivement rattaché de façon positive à la filiation.

En effet, lorsque les parents se sont montrés peu disponibles, lorsqu'ils étaient absents moralement ou physiquement, ou encore lorsqu'ils sont décédés prématurément, ils n'ont pas nourri ce lien de filiation de manière positive.

Aussi leurs enfants vont-ils souhaiter renforcer ces liens. Généralement ce désir d'affiliation passe par la reproduction de certaines conduites ou de certains symptômes développés par les parents ou les grands-parents (lorsque nos parents ont eux-mêmes souffert de carences dans leur jeunesse).

Si la tentative d'affiliation passe par le symptôme, c'est parce que le symptôme est éminemment corporel. De quoi souhaite-t-on se rapprocher finalement si ce n'est du corps de son parent, source de chaleur, de protection et de sécurité affective dans l'enfance ?

On comprendra dès lors ce que vise la répétition du symptôme : il s'agit de faire corps avec son parent et de réaffirmer sa filiation. Si par exemple je développe le même symptôme que mon père, cela me rapproche de lui et fait la preuve que je suis bien son fils. C'est ainsi que la maladie offre des avantages secondaires non négligeables capables d'opposer une forte résistance aux processus normaux de guérison.

La solution serait d'utiliser d'autres moyens de s'affilier au parent, par exemple en développant un de ses talents plutôt que le symptôme de sa maladie.

Il s'agit d'orienter différemment le désir de se rattacher au parent, pour choisir le versant positif de sa personnalité.

Le processus d'incorporation

Le psychanalyste Claude Nachin précise à ce sujet : « Dans la crypte au sein du Moi, la personne perdue repose vivante[3]. » Elle est en effet reconstituée à partir de mots, d'images et d'affects, telle que le sujet a pu se la représenter, accompagnée du sujet lui-même, enfant voire adolescent ou adulte immature, tel qu'il se voyait dans les moments traumatiques de leur relation. Ces fantasmes d'incorporation se manifestent plus souvent lors de décompensations et/ou de commémorations d'anniversaire.

Claude Nachin donne l'exemple d'un patient qui tout à coup se fait teindre les cheveux de la couleur de ceux de sa mère – celle-ci est morte – lorsqu'il parvient à l'âge qu'elle avait atteint au moment de son décès).

Il ajoute plus avant : « Les fantasmes d'incorporation tendent tantôt à faire continuer la vie de l'objet d'amour perdu, dans un état de "vivant-mort" à l'intérieur du sujet, tantôt ils concernent l'objet à l'état de mourant ou de mort, tandis que les souvenirs de ce qui a été vécu antérieurement avec lui sont indisponibles et que le sujet n'y pense pas. Dans certains cas les fantasmes d'incorporation inconscients ne peuvent fonctionner de manière à garder les perturbations dans la sphère psychique et psychomotrice. Même des vécus traumatiques

3. Claude NACHIN, *Le Deuil d'Amour*, Paris, Éditions Universitaires, 1989.

dont le souvenir est disponible, mais dont le sujet ne se sent pas autorisé à parler à des proches, vont entraîner des troubles dits “psychosomatiques”, en particulier de l'ordre de l'ulcère gastroduodénal et de l'infarctus du myocarde. »

Reviviscence des maladies lors de périodes anniversaires

Au moment où je rédige ce chapitre, je reçois un courrier détaillé qui émane d'une sympathique lectrice.

Elle m'expose l'histoire de sa famille dans les grandes lignes et précise que son frère cadet a été enterré le 21 juillet 2000. Un an plus tard, jour pour jour, soit le 21 juillet 2001 on a diagnostiqué chez elle un cancer du sein droit.

Elle précise que quelques semaines auparavant, lors d'une précédente visite de contrôle, rien d'anormal n'était apparu.

Cet exemple, choisi parmi tant d'autres illustrant le même processus, montre que le symptôme n'apparaît pas au hasard sinon dans une chronologie qui est propre à l'arbre généalogique.

Dans ce cas, la correspondante semble avoir compris que le symptôme était directement relié à la perte du frère, perte d'autant plus grave que leur père à tous deux était mort très jeune, laissant une veuve et des enfants en bas âge.

Elle précise : « Je n'ai pas voulu suivre le traitement habituel (opération, chimiothérapie), je me suis fait traiter par les médecines alternatives et maintenant tout rentre dans l'ordre et le nodule disparaît peu à peu. »

Dans mon précédent ouvrage, j'ai eu l'occasion de dire que lorsqu'on anticipe les programmations généalogiques, cela permet d'identifier immédiatement l'origine exacte des symptômes et d'éviter ainsi de céder à la panique.

D'autant que dans la plupart des cas la maladie est transitoire.

À l'inverse, demeurer inconscient de l'histoire familiale et des âges marqueurs constitue toujours un risque lorsqu'on atteint l'âge d'un parent au moment de son décès.

Le psychanalyste Claude Nachin en donne un exemple et cite le cas d'un patient : « Maurice a présenté un infarctus du myocarde d'intensité modérée quand il a atteint l'âge auquel sa mère était morte et il a fait un syndrome de menace, treize ans plus tard, quand il a atteint l'âge auquel son père est mort d'un ictus cérébral, nouvel accident auquel il a survécu grâce à la chirurgie coronaire[4]. »

Sentiment de culpabilité et dépressions

La culpabilité semble également accompagner, de façon sous-jacente, les symptômes qui apparaissent à la suite de la perte d'un parent.

4. *Ibid.*, p. 29.

Il s'agit de cacher à soi-même et aux autres les reproches que l'on aurait envie d'adresser au disparu (il nous a abandonné) et la culpabilité ressentie à son égard. On s'en veut de ne pas avoir assez aimé le disparu, de ne pas lui avoir montré assez d'affection, on se reproche tous ses manquements à son égard et tous les différends que l'on a eus avec lui.

De même en ce qui concerne les circonstances de sa mort : peut-être n'avons-nous pas fait tout ce qui était possible, peut-être n'avons-nous pas été assez attentif, pas assez soucieux de l'état de santé de l'être aimé…

Dans ce cas, la souffrance que suscite en nous l'état dépressif constitue une sorte de gage qui apaise la culpabilité. Signalons également qu'un comportement agressif et hostile traduit souvent un sentiment sous-jacent de culpabilité.

John Bowlby précise que « la perte d'un objet d'amour est une excellente occasion pour que l'ambivalence dans les relations d'amour puisse devenir effective ».

Pour ma part, j'ai remarqué que la dépression s'installe également chez le sujet lorsque le parent disparu avait décidé à sa place d'une carrière professionnelle ou d'un choix sentimental, voire lorsqu'il lui avait implicitement interdit d'accéder à une réalisation personnelle.

Je pense par exemple à ce père qui s'était opposé au mariage de son fils sous prétexte que les parents de la jeune fille ne lui plaisaient pas…, et aussi à cette mère qui avait insisté pour que sa fille travaille dans l'administration alors que celle-ci souhaitait souhaitait se lancer dans une carrière de journaliste…

Dans les deux cas, les enfants avaient obéi au souhait de leurs parents ; et tant que ces derniers étaient en vie, la loyauté vis-à-vis de la famille d'origine justifiait les sacrifices consentis.

Toutefois lorsque les parents disparaissent, plus rien ne soutient les graves compromis consentis des années auparavant. La disparition des modèles familiaux qui avaient étayé les bases mêmes de l'existence permet alors aux sentiments dépressifs refoulés de surgir au grand jour.

De même, la perte d'un parent possessif peut entraîner des réactons dépressives analogues.

Alcoolisme

On observe que de nombreux comportements dépendants s'installent à la suite d'un deuil.

Le cas le plus fréquent concerne le début d'une dépendance à l'alcool.

L'apparition de cette dépendance montre que des éléments irrésolus demeurent dans l'histoire du sujet et l'empêchent de faire le deuil.

Dans un premier temps, l'alcoolisme permet d'atténuer la douleur émotionnelle, mais peu à peu il entraîne un aspect dépressif, voire un comportement destructeur par un retournement contre soi-même des pulsions d'agressivité à l'égard du mort.

(Lorsque le parent disparu s'est montré particulièrement possessif, son enfant ne peut manifester l'hostilité qu'il ressentait envers ce parent qui « l'adorait »).

Cette hostilité va être projetée sur l'entourage – plus tard sur le conjoint – ou, comme nous le disions, retournée contre soi-même.

Dans d'autres cas, où l'alcoolisme est dit familial, on aura tendance à adopter pour soi cette dépendance qui a été la cause de la mort du parent, et à perpétuer l'addiction liée à cette mort. J'ai pour exemple le souvenir de cette consultante devenue alcoolique alors que son père avait trouvé la mort en sortant d'un bar (il s'était fait renverser par un camion).

Phobies, maladies chroniques, insomnies, prise de poids

À la suite de la mort d'un parent, on peut voir apparaître des phobies de toutes sortes.

La plus importante d'entre elles consiste à se sentir obligé de tout laver dans la maison et de se laver constamment soi-même.

Cette obsession de la propreté est généralement liée à la peur de la mort, soit que le parent disparu ait souffert d'une maladie contagieuse ou dégénérative, soit que l'on souhaite se laver des injustices et péchés commis par ce parent.

Ces phobies se doublent habituellement de compulsions aux vérifications.

La peur de l'obscurité traduit également la peur de la mort ou d'un mort en particulier.

Une frilosité excessive selon l'expression « se sentir glacée comme un cadavre » peut correspondre à un fantasme d'incorporation de la personne décédée.

Enfin, l'hypocondrie, c'est-à-dire la peur obsessionnelle de la maladie, est généralement liée aux deuils précoces vécus durant l'enfance ou l'adolescence à la suite desquels on a eu peur soit de mourir soi-même, soit que d'autres personnes ne meurent.

Les maladies chroniques, elles, témoignent souvent de deuils non-faits.

Par exemple, cette adolescente qui a commencé à développer de l'asthme au moment du décès de sa grand-mère paternelle (de laquelle était particulièrement proche). Devant le profond chagrin de la jeune fille, son père lui avait intimé : « Cela suffit, tu ne vas quand même pas avoir plus de peine que moi, c'est ma mère, pas la tienne ! »

Par cette simple phrase, le père dénie à sa fille la possibilité d'élaborer le deuil, qui va donc demeurer fixé. Le processus d'élaboration restera en suspens.

On constate également, à la suite d'un décès majeur dans la parenté, la survenue d'insomnies tenaces.

L'inquiétude qui est sous-jacente peut avoir plusieurs causes : on a manqué les cérémonies et rituels de deuil autour de la personne décédée ; les contentieux moraux et/ou financiers n'ont pas été réglés avant le décès ; les secrets confiés par la personne décédée sont trop pesants, ou ceux qu'on lui cachait soi-même de son vivant ; certaines zones d'ombre entourent la nature et les circonstances de sa disparition ; on entretenait des relations ambivalentes avec la personne disparue, ou au contraire, elle représentait un idéal inaccessibles...

Mais l'insomnie peut signifier aussi une contre-identification à la personne disparue, le langage commun assimile en effet la mort à un « sommeil éternel ». Ne plus dormir prouverait alors que l'on est bien vivant.

Parfois l'insomnie a une origine précise dans les événements généalogiques.

Par exemple, j'ai reçu en consultation un homme qui, depuis des décennies, ne dormait pratiquement pas ou très peu.

Lorsqu'il me précise que sa mère est morte en hôpital psychiatrique, je lui dis que je pense avoir saisi un lien entre les deux éléments.

Je lui précise alors que pour lui sommeil/hôpital psychiatrique et décès sont probablement associés étant donné que dans ce genre d'établissements les patients *sont contraints à dormir*. À l'époque davantage encore, car on les obligeait à absorber des neuroleptiques et des somnifères pour qu'ils se tiennent tranquilles.

Dans le cas de ce consultant, il s'agit d'une contre-identification à sa mère : le fait de ne pas dormir signifiait pour lui qu'il était en bonne santé mentale et parfaitement libre de ses mouvements.

Combler la perte par la prise de nourriture est une réaction inconsciente qui demeure très répandue.

L'accentuation de la sensation de faim lors des périodes anniversaires de décès est également révélatrice (par exemple un an exactement après le décès d'un parent). *Si la prise de poids est particulièrement significative et durable, on pensera alors au désir inconscient d'incorporer la personne disparue.*

Nous venons d'esquisser, dans ses grandes lignes, le thème des relations qui peuvent se nouer entre la disparition d'un parent et l'apparition ultérieure de symptômes de toutes sortes.

Mais l'objet de ce livre ne concerne pas uniquement les liens de cause à effet entre la perte et la maladie ; il nous faut maintenant aborder la seconde partie de notre ouvrage.

Deuxième partie

Les deuils non faits et leurs conséquences pour les générations suivantes

6.

Les relations qui nous liaient aux parents disparus

Nous avons mentionné le fait que quatre conditions devraient être réunies pour que la perte d'un parent n'ait pas de conséquences majeures sur le déroulement de la destinée personnelle.

La première concernait la nature et les circonstances de cette perte, *la seconde* les secrets liés à la personne disparue et *la troisième*, la cause de sa disparition.

La quatrième va concerner la nature des relations qui nous liaient au parent disparu.

Elle met en jeu une large gamme de sentiments qui, pour certains, se manifesteront lors de la perte et seront décrits un peu plus avant dans ce chapitre.

Possession et abandon

Les attitudes qui ont été celles du parent disparu vis-à-vis des siens et notamment vis-à-vis de ses enfants sont à chaque fois uniques.

Cependant si nous devions classer ces attitudes en deux catégories principales, nous les grouperions soit dans celle de l'abandon, soit dans celle de la possession.

Nous les décrivions ainsi dans notre ouvrage précédent : « L'abandon peut prendre différentes formes selon les types de familles.

Il peut être objectif (l'enfant a été placé chez d'autres membres de la famille, chez une nourrice, dans un pensionnat ou une institution) ou plus subtil.

L'enfant peut être effectivement abandonné alors que de l'extérieur il semble ne manquer de rien. Il existe des stratégies d'abandon qui *demeurent invisibles* aux yeux de l'entourage et de la parenté.

Le sentiment d'abandon est la plupart du temps proportionnel au désinvestissement parental.

On pourrait dire en d'autres termes que moins les parents consacrent de temps à leur enfant, plus ce sentiment grandit.

Le sentiment d'être véritablement possédé par ses parents peut être tout aussi dévastateur pour la personnalité.

L'enfant sous l'emprise d'une autorité et d'une affection débordantes est lui aussi victime de ses parents. On connaît très bien ses formes d'asservissement dans la relation possessive de la mère vis-à-vis de son fils par exemple.

Celui-ci, dominé par une mère étouffante parviendra difficilement à se dégager de cette étreinte psychologique. Impuissance, homosexualité, don-juanisme et décès prématuré parfois en sont les conséquences les plus évidentes à l'âge adulte.

La petite fille peut également être sous l'emprise de la mère, on parlera alors d'un complexe maternel. Devenue adulte elle n'existera qu'au travers d'une fonction purement maternelle, son principal but sera de fonder une famille et de donner naissance à plusieurs enfants. Dans ce cas, le mari est relégué à une place secondaire.

Majoritairement, il est vrai, ce désir de possession s'exerce de la part de la mère.

Cependant, le père peut lui aussi se montrer autoritaire vis-à-vis de ses fils ou de ses filles. Ainsi, bien des hommes et des femmes ne se sont pas dégagés de la relation jalouse et possessive développée à leur égard par leur père alors qu'ils étaient enfants et adolescents [1]. »

Lorsque le parent possessif ou rejetant disparaît, il semble qu'il soit désormais impossible de rompre la relation qui avait été installée.

Pourtant il demeure une possibilité d'échapper à un tel déterminisme.

Voyons en ensemble un exemple.

Il s'agit d'une consultante dont la mère est décédée depuis quelques années.

Alors qu'elle me décrit sa mère comme une personne distante, voire rejetante et qui ne se préoccupait guère des véritables besoins de son enfant, nous comprenons que nous

1. Elisabeth HOROWITZ, *La Maladie, une mémoire généalogique*, Paris, Éditions Dervy, 2004.

sommes dans le premier cas de figure, celui qui relève d'une des formes de l'abandon.

Précisons que si cette mère s'était montrée froide et réservée, c'est aussi parce que la relation mère/enfant avait été troublée dans les générations précédentes.

Pour que la perte du parent ne mène pas à une impasse, je demandais alors à la consultante de rechercher dans ses souvenirs un moment où elle et sa mère auraient été exceptionnellement proches.

Après avoir réfléchi, la consultante se rappelle le meilleur moment passé avec elle : « Pour la première fois, ma mère et moi sommes parties en vacances à l'étranger seules toutes les deux. Je peux dire que c'est vraiment l'unique fois où elle m'a proposé de passer quelques jours avec elle. D'habitude elle était toujours très occupée entre la maison et son travail et elle surveillait de très près mon frère cadet qui était son enfant préféré.

Nous sommes parties en vacances en Grèce et ce voyage fut amusant, divertissant et enrichissant d'un point de vue artistique. Pendant ce séjour, un touriste qui partageait notre lieu de séjour est devenu amoureux de moi.

À la suite de ce rapprochement avec ma mère, soit quinze jours plus tard, je passais mon baccalauréat, et je l'ai réussi sans avoir rien révisé. Tout s'était présenté facilement ».

Pour que l'image de la mère ne demeure pas figée par la mort dans les relations négatives dues à son attitude froide et distante, nous rechercherons dans le rapprochement évoqué les éléments qui pourront être amplifiés, c'est-à-dire développés à nouveau.

Je précisai à la consultante que ce séjour contenait certainement des éléments profitables pour son avenir.

La consultante me fit alors remarquer que le prénom de son mari, d'origine méditerranéenne, était le même que celui du jeune homme tombé amoureux d'elle durant les vacances passées avec sa mère.

Ce fait n'est guère étonnant étant donné que ce rapprochement même court entre la mère et la fille devait logiquement contenir les potentiels et les grandes lignes de développements positifs à venir.

J'invitai alors la consultante à se remémorer tous les événements précis du voyage, de manière à y distinguer les éléments favorables qui annonçaient une possible réparation du manque originel d'amour maternel.

De même, tout voyage ultérieur en Grèce rappellera le rapprochement tant souhaité d'avec l'archétype de la mère. On ne manquera pas d'y refaire un séjour en cas de phase difficile.

Dans le cas d'un parent qui s'est montré possessif, on se rappellera à l'inverse un moment important pour soi durant lequel le parent avait desserré son emprise ou se trouvait être absent. Ce moment sera réexaminé dans le but d'être réitéré ou développé dans ses aspects les plus significatifs.

La perte d'un parent dans l'enfance et/ou l'adolescence

Nous avons pu constater que les nombreux secrets qui entourent les décès familiaux empêchent les deuils d'aboutir et les maintiennent « en suspens ».

Les différents exemples fournis aux chapitres 3 et 4 de cet ouvrage en ont fait la démonstration. Cette situation devient encore plus délicate lorsque nos propres parents sont concernés (c'est-à-dire lorsque nos grands-parents sont décédés prématurément).

Nombre de parents ont conçu leurs enfants alors qu'ils étaient déjà orphelins soit de leur père, soit de leur mère.

Ils ont pu perdre leur parent quand ils étaient enfants en bas âge, quand ils étaient adolescents ou à l'orée de leur vie adulte.

Cette situation peut également nous concerner directement : nous étions peut-être déjà orphelins lorsque nous avons conçu nos propres enfants.

En quoi et comment les pertes antérieures peuvent-elles nous influencer ainsi que notre descendance ? C'est le propos du présent chapitre et du suivant.

À mon sens, la perte parentale précoce constitue un événement majeur dans l'histoire de la lignée, qui aura généralement des effets sur les deux et trois générations suivantes.

On sait que les enfants, même très petits, sont capables de faire le deuil de la disparition prématurée de l'un de leur parent, *dans la mesure où les conditions qui entourent et suivent la perte sont favorables.*

Mais, si les conditions qui entourent le décès du parent sont défavorables, le deuil infantile est bouleversant *au sens propre et porteur de séquelles pour l'enfant/adolescent et pour la ou les générations suivantes.*

Le déroulement de la vie adulte s'en trouvera grandement affectée.

John Bowlby précise : « Les conditions requises ne sont guère différentes en principe des conditions qui sont favorables à un deuil adulte. Celles qui sont les plus importantes pour un enfant sont : premièrement, qu'il ait pu jouir d'une relation suffisamment sûre avec ses parents avant la perte, deuxièmement, que des renseignements prompts et précis lui soient donnés sur ce qui vient de se produire, qu'on lui permette de poser toutes sortes de questions et qu'on y réponde aussi honnêtement que possible, et qu'il participe au deuil de la famille y compris aux rites funéraires quels qu'ils soient ; troisièmement, qu'il dispose de la présence réconfortante de son parent survivant, ou, si cela n'est pas possible, d'un substitut qu'il connaît et en qui il ait confiance, avec l'assurance que cette relation va se poursuivre [2]. »

Il est bien rare que les circonstances des deuils familiaux respectent ces conditions essentielles ; c'est la raison pour

---

2. John Bowlby, *Attachement et perte*, volume III, *La perte*, traduction française, Paris, Presses Universitaires de France, 1984.

laquelle les sentiments de nostalgie persistante, de tristesse, de colère et de culpabilité, la peur de perdre le parent survivant et le désir de se coller à lui, tous ces sentiments qui n'auront pu s'exprimer que de manière partielle, persisteront à l'âge adulte sous forme de composantes de la personnalité.

L'enfant et les secrets entourant le décès de son parent

Comme le souligne John Bowlby, la vérité concernant les causes et les circonstances des décès familiaux doit être dite à l'enfant ou à l'adolescent de la manière la plus ouverte et la plus franche.

Généralement, c'est tout le contraire qui se produit : on raconte à l'enfant que son parent est « parti en voyage », « se trouve au ciel », « se trouve être endormi », « est parti dans une ville lointaine », toutes métaphores auxquelles l'enfant ne comprend rien et qui sont déjà la source d'interprétations erronées et de déductions faussées concernant l'irréversibilité de la perte.

De plus, dans bien des cas, l'enfant n'assiste pas à l'enterrement de son parent, car l'entourage – victime de ses propres préjugés – pense qu'il est trop jeune pour cela.

En fait, l'enfant n'a aucune représentation de son parent mort et l'événement devient pour lui totalement abstrait.

Dans les cas de décès par maladie, il est rare que l'enfant ait réellement su quels en étaient l'origine et le déroulement.

La disparition de son parent demeure un événement mystérieux pour lui.

Quant aux circonstances mêmes du décès, si celui-ci relève d'un accident ou d'un suicide, elles sont généralement passées sous silence.

Même dans le cas où l'enfant aurait assisté soit directement soit indirectement à l'événement, le parent survivant et l'ensemble de la famille peuvent s'accorder pour donner une autre interprétation des faits.

Par exemple, l'enfant sait que le parent s'est suicidé alors que la famille prétend qu'il s'agit d'une crise cardiaque ; un proche sème alors le doute soit en ironisant soit en affirmant que l'enfant confond avec une autre scène vue à la télévision ou dans un cauchemar.

La confusion psychique est augmentée lorsque d'autres membres de la famille donnent une seconde, voire une troisième version des faits.

Or, la portée de telles dissimulations est immense.

Nombre d'enfants souhaitent ardemment en savoir davantage sur la disparition de leur père ou de leur mère, mais bien souvent leurs questions se heurtent à l'attitude évasive ou au silence du parent survivant, voire à une interdiction de faire référence à des photos, des films ou des objets relatifs à la personne aimée.

Beaucoup plus que les enfants, ce sont les adultes qui éprouvent le plus de difficultés à accepter la perte et à commencer le deuil.

La nostalgie

La nostalgie du parent décédé est naturelle et légitime.

Bowlby précise que « les enfants ont encore plus de difficultés que les adultes à arriver à croire que la mort est irréversible, l'espoir de retrouvailles avec le parent mort est habituel ».

Les promesses faites à l'enfant peu avant la mort subite de son parent, et qui demeureront non réalisées, peuvent être à l'origine d'espoirs poignants et vivaces.

La nostalgie s'accroît lorsque le parent survivant et les autres membres de la famille s'abstiennent de parler de la disparition et ne s'autorisent pas à exprimer leurs sentiments.

Le sujet ne sera plus jamais abordé et l'enfant pense que son parent mort est progressivement oublié, son souvenir s'effaçant de la mémoire familiale. Toute remémoration est découragée, que ce soit dans la vie quotidienne ou lors de la commémoration de la naissance ou de la mort du parent.

Certains parents refusent d'écouter les questions de leurs enfants à propos du décès et se mettent en colère lorsque le *sujet interdit* est évoqué.

Il est implicitement demandé à l'enfant d'oublier son chagrin et de ne plus y penser. L'enfant pressent que le parent survivant se montrerait impatient ou irritable s'il lui confiait son désespoir.

Lorsque les conditions sont favorables et que le parent survivant est attentif aux réactions de son enfant et les comprend, l'enfant évoquera spontanément combien il est triste de l'absence de sa mère ou de son père.

Et généralement un enfant s'autorisera à reconnaître sa peine et le désir nostalgique du retour de son parent *après que les autres membres de la famille (les adultes) auront pu reconnaître et exprimer sincèrement la leur.*

Lorsque cela n'est pas le cas, l'enfant est soumis à des désirs ambivalents : d'une part, il a envie de pleurer sur la disparition de son parent et souhaite qu'on le cherche et le retrouve, d'autre part il doit s'imposer d'énormes efforts pour ne pas exprimer sa détresse.

Coexistent également des sentiments ambivalents dans les cas où le parent disparu se montrait exigeant, autoritaire, répressif et peu affectueux. Par-delà l'idéalisation du père ou de la mère disparus, peut également exister chez l'enfant le soulagement d'être libéré des pressions et critiques qu'il avait à subir.

En quoi le parent nous manque-t-il le plus ?

Dans tous les cas, il paraît fondamental de se demander à soi-même : *en quoi le parent disparu nous manque-t-il le plus ?*

Tous les enfants et les adolescents répondront que leur mère leur manque parce que celle-ci s'occupait d'eux, préparait leurs repas, lavait et repassait leurs vêtements, venait les chercher à l'école, les consolait lorsqu'ils avaient de la peine…

De même qu'ils répondront que leur père leur manque pour les mêmes raisons : parce que celui-ci s'occupait d'eux, parce qu'il les aidait à faire leurs devoirs, parce qu'ils jouaient ensemble…

Au-delà des généralités concernant tous les enfants qui ont vécu la perte d'un de leurs parents, il est possible de dégager des aspects plus singuliers afin de pouvoir les retrouver d'une quelconque manière.

Ainsi, trois enfants adolescents d'une même famille dont la mère est morte de maladie citeront-ils tous trois des éléments différents pour dire ce qui, après sa mort et se rapportant expressément à elle, leur manque le plus.

Pour l'un, ce qui lui manquera le plus est le fait d'aller avec sa mère au musée voir des expositions, pour l'autre ce sera le soutien inconditionnel de sa mère dans ses études littéraires, pour le plus jeune, le fait qu'elle assistait aux rencontres sportives auquel il participait et lui achetait les meilleurs équipements.

Le sentiment de culpabilité de l'enfant

Le sentiment de culpabilité est au cœur des complications liées au deuil.

Après la perte, dans un accès de colère et sous l'effet de la tension émotionnelle le parent survivant peut adresser des reproches non fondés à son enfant, insinuant même qu'il aurait une part de responsabilité dans le décès.

Le parent renforce la tendance de l'enfant à l'auto-accusation lorsqu'il le traite de « bruyant, sale, difficile ou méchant », tous comportements qui sont à ses yeux susceptibles d'avoir entraîné la disparition de son parent.

L'enfant peut se sentir spontanément coupable s'il a été malade et si sa maladie, alors contagieuse, a entraîné la mort de son parent, ou encore si celui-ci a voulu le sauver alors que lui-même se trouvait en danger (accident, risque de noyade...) et s'il est mort durant cette tentative.

Dans son ouvrage, John Bowlby cite le cas d'un jeune garçon de onze ans dont le père est mort noyé dans un accident de voilier le jour de l'anniversaire de son fils, ce dernier ayant été sauvé[3]. Le père n'avait pas de ceinture de sauvetage, alors que son fils en avait une et avait pu être sauvé. Bien que son père fut déjà mort, on avait dit à l'enfant qu'il était à l'hôpital.

On remarquera dans cet exemple que la culpabilité de l'enfant est augmentée par le fait que le père meurt précisément le jour de son anniversaire.

Une enquête généalogique sur les relations père/fils des deux générations précédentes serait nécessaire pour comprendre les raisons de cette coïncidence pleine de sens.

3. John Bowlby, *Attachement et perte*, volume III, *La perte*, traduction française, Paris, Presses Universitaires de France, Paris, 1984, p. 417.

La culpabilité de l'enfant se développe également si une dispute entre les parents a éclaté juste avant la mort de l'un d'eux et/ou si l'enfant pouvait se croire responsable de la mésentente entre son père et sa mère, dans le cas où ils auraient parlé de quitter le foyer, de se séparer ou de divorcer.

La culpabilité peut être également due au remariage du parent survivant : par exemple une fillette peut se sentir déchirée entre sa fidélité à sa mère morte et les liens qu'elle pourrait nouer avec la nouvelle épouse de son père.

Colère et Hyperactivité

À la suite du deuil de son parent, l'enfant peut également exprimer de la colère.

Cette colère peut être secrètement adressée au parent disparu, intérieurement accusé de l'avoir abandonné alors qu'il avait le besoin impérieux de sa présence ; l'enfant peut aussi l'accuser inconsciemment de n'avoir pas dit la vérité sur son état, en particulier s'il était atteint d'une maladie grave.

L'enfant manifeste de la colère lorsqu'on fait allusion au parent mort, une euphorie superficielle précédant souvent les explosions agressives.

Il se peut aussi que cette euphorie soit l'expression du soulagement que les contraintes ennuyeuses, qu'imposaient le parent mort, soient maintenant levées, lorsque le parent disparu se montrait rigide et/ou trop exigeant voire rejetant, dénigrant ou humiliant, voire tyrannique (père autoritaire à qui l'on devait soumission et obéissance, mère possessive et étouffante).

La colère est liée au fait que le parent, outre qu'il imposait des contraintes à l'enfant, lui impose également son décès, plaçant une nouvelle fois ce dernier *devant un fait accompli, et le laissant totalement impuissant.*

Un autre type de colère peut s'exprimer contre le parent lui-même, lorsque ce parent avait pris des risques inconsidérés et/ou n'avait pas pris soin de sa santé.

La colère s'exprime également *vis-à-vis du parent survivant* si l'enfant pense (à juste titre ou pas) que celui-ci est responsable de la disparition de son conjoint (disputes, mésententes voire brutalités) en le conduisant à la maladie puis à la mort (accident de voiture dans lequel le parent survivant était au volant).

Enfin, la colère est également exprimée *contre l'arbitraire des événements, l'injustice de la vie (pourquoi cela est-il arrivé précisément à mon père ou à ma mère ?).*

La colère, l'agitation, la désorientation voire la dépersonnalisation apparaissent chez les enfants dont le deuil est inhibé, c'est-à-dire lorsque les conditions sont défavorables.

Les enfants et adolescents dans ce cas ont les traits tirés, l'aspect tendu, le visage comme un masque, inexpressif. Cette expression rigide et artificielle se retrouve chez certains adultes qui ont été longtemps séparés de leur famille d'origine, et en ont subi le traumatisme et ceux dont les deuils demeurent non aboutis en raison d'un cumul de circonstances défavorables : ils se trouvaient en bas âge lorsque leur parent est mort, il existe encore des secrets sur les circonstances de son décès et/ou de sa vie, le conjoint survivant s'est remarié avec un partenaire qui ne s'occupait pas d'eux ou les martyrisait…

Pour ce qui concerne l'hyperactivité, elle semble être ici un mécanisme de défense face à la mort.

Par l'hyperactivité, l'enfant s'oppose à la mort, puisque la caractéristique d'une personne morte est son immobilité.

Un enfant qui a peur de mourir ne cesse de bouger ; il est certain que l'idée de préserver d'autres membres de la famille ou même de ramener les morts à la vie intervient dans ce type de réaction.

La sensation d'être délaissé

Ce sentiment est souvent parfaitement justifié. L'entourage délaisse l'enfant au moment où celui-ci a le plus besoin de la patience et de la compréhension des adultes qui l'entourent.

Ceux-ci, inattentifs et accaparés par leur chagrin puis mobilisés par de nouveaux problèmes, ne sont pas capables de lui fournir ce qu'il attend d'eux. L'enfant se montre alors exigeant et capricieux et se replie sur lui-même, peut perdre le sommeil et l'appétit. Il est grondé alors même qu'augmente son besoin d'être compris.

Le sentiment d'être délaissé est exacerbé lorsque le parent qui vient de mourir était très proche de lui et que le parent survivant préfère de manière manifeste les autres frères et sœurs. Il est également exacerbé lorsque l'enfant est déplacé même temporairement dans un autre foyer, par exemple dans celui des grands-parents alors qu'il souhaite rester avec son parent.

L'abandon peut prendre différentes formes selon les types de famille.

Il peut être objectif (l'enfant a été placé chez d'autres membres de la famille, chez une nourrice, dans un pensionnat ou une institution) surtout lorsque le père devient veuf. Les éventuelles difficultés financières consécutives à la perte feront que le conjoint survivant sera plus préoccupé par les problèmes matériels que par les difficultés émotionnelles de son enfant.

Enfin, le sentiment d'être délaissé augmente lorsque le parent survivant refait rapidement sa vie avec un nouveau partenaire, surtout si ce dernier se montre progressivement hostile envers l'enfant.

Après le décès de son parent et en l'absence de maternage, de compréhension et de soutien, l'enfant va développer une autonomie compulsive, car il ressent qu'il ne peut compter que sur lui-même.

Cette autonomie précoce est également due à un fort sentiment d'insécurité : l'enfant n'a pas confiance dans le parent survivant, soit que celui-ci ait menti au sujet des circonstances véritables de la disparition de son conjoint, soit qu'il ait ignoré les besoins élémentaires de son enfant.

Un détachement émotionnel accompagne cet état. Plus tard, les chances de vivre un attachement sûr sont réduites dans la mesure où les comportements d'attachement ont été précocement et durablement perturbés.

La peur de nouvelles pertes ou séparations

Fort logiquement, l'enfant redoute de nouvelles séparations familiales.

L'enfant a peur que le parent survivant (dont il dépend désormais) ne meure à son tour ou que disparaissent d'autres membres de la famille proche (les frères et sœurs, les grands-parents ou les oncles et tantes).

La peur de mourir soi-même à la suite du parent existe, notamment si c'est le parent du même sexe qui vient de mourir subitement.

Sans parler de nouveaux deuils, toute séparation ultérieure qui l'éloignera du parent survivant, le désinvestissement de celui-ci ou l'éloignement d'autres figures parentales fragiliseront l'enfant. Il y sera beaucoup plus sensible puisqu'il aura eu très tôt à surmonter l'absence définitive de son père ou de sa mère.

L'enfant et l'adulte qu'il deviendra demeureront particulièrement vulnérables à des situations qui suscitent angoisse et tristesse, comme la séparation et la perte.

Ce jeune adulte, resté quelque part un enfant vulnérable, supportera très mal la mort d'une personne qui aura été pour lui une image protectrice et stimulante, par exemple un professeur qui aura permis le développement de ses possibilités créatrices, ou aura fait éclore en lui une vocation, qu'elle soit artistique, sportive ou scientifique.

Intensification des relations fraternelles

La perte du père ou de la mère peut induire un attachement redoublé au parent survivant. Généralement toutefois le lien qui se trouve renforcé est plutôt celui qui existe entre les frères et sœurs.

On constatera une intensification des relations avec la fratrie en cas de disparition prématurée d'un parent.

Les frères et sœurs vont devenir beaucoup plus proches et davantage solidaires que par le passé. Les sentiments d'amour et d'affection se développeront au fil des mois et des années qui vont suivre le décès. À l'âge adulte, les frères et sœurs demeureront très liés, peut-être géographiquement proches sinon soucieux de rester en contact étroit par courrier ou téléphone.

Deux écueils sont à craindre dans ce processus : le premier est que la relation frère/sœur ne domine ultérieurement sur les autres types de relations (et notamment la relation de couple à venir) ; le second que l'un des frères (ou l'une des sœurs) puisse être secrètement identifié(e) au parent mort.

Parentification et Identifications

La « parentification » intervient lorsque c'est le parent qui cherche réconfort auprès de son enfant.

Ainsi que nous l'écrivions dans notre précédent ouvrage : « Ce processus amène un enfant ou un adolescent à prendre des responsabilités plus importantes que ne le voudraient son âge et sa maturation. Celui-ci fait des efforts pour assurer le bien-être de son parents et/ou de ses frères et sœurs plus jeunes et pallie leurs insuffisances.

Citons pour exemples les cas où, après la mort de son parent, un adolescent prend en charge l'éducation d'un frère ou une sœur plus jeune en lui fournissant réconfort et sécurité affective et en réglant sa vie quotidienne, les cas également où l'adolescent se substitue au parent manquant et devient le confident du seul parent présent au foyer, qu'il console lorsque celui-ci est déprimé. »

Dans d'autres cas, le parent survivant pourra exiger d'un enfant ou d'un adolescent qu'il devienne la réplique de son conjoint disparu.

Au chapitre V de cet ouvrage, nous avons déjà mentionné le fait que l'on peut développer des symptômes qui sont la reproduction de ceux dont souffrait la personne morte.

Les enfants et adolescents développent pareillement ces symptômes identificatoires. Bowlby les a constatés de manière égale. Il cite une douleur à la poitrine chez un enfant dont la mère, opérée d'une tumeur au sein, est morte de ce cancer et le cas d'un enfant dont le père est mort d'une hémorragie cérébrale et qui, dans les mois qui suivent le décès, se met à souffrir de céphalées.

Le refoulement

Le refoulement de la mort du parent représente également une mesure protectrice.

« Si ma mère était réellement morte, je serais terriblement effrayée », « Si ma mère était réellement morte, je serais toute seule », confie une petite fille après la mort de sa mère. En réalité, il existe une terreur véritable d'avoir perdu le parent tant la mort est un événement qui peut paraître tout à la fois tragique, injuste et douloureux.

Le refoulement peut concerner également certains aspects du comportement ou de la personnalité du parent disparu, notamment parce que ce dernier avait pu être à l'origine de frustrations et difficultés, en se montrant irresponsable, égoïste et négligeant, voire cruel.

Dans les années qui suivront et à l'orée de la vie adulte, il faudra reconsidérer l'idéalisation qui accompagne habituellement le refoulement.

Cette idéalisation consistait en général à nier toute information qui aurait pu se trouver en désaccord avec l'image établie.

Or il est important de considérer les parents dans tous leurs aspects, voire de se livrer ultérieurement à une enquête précise sur le déroulement de leurs trajectoires affectives, matérielles, sentimentales et professionnelles.

La perte du goût de vivre

La perte du goût de vivre et les sentiments dépressifs qui perdurent au fil des années sont également l'indice de deuils non faits.

Le désir de se trouver réuni(e) avec la personne morte est sous-jacent.

On a constamment le sentiment que la vie sans le parent ne vaut pas la peine d'être vécue, surtout s'il s'agissait d'une personnalité chaleureuse, créative et/ou dominante.

De fait, il semble que, sans sa présence, la vie ait perdu tout son enchantement.

Lorsque le parent disparu s'est en réalité suicidé, les sentiments dépressifs – tristesse, repli sur soi, inhibition, etc. – sont exacerbés et amplifiés. C'est également le cas *lorsque l'on a à affronter la mort de plusieurs membres de la famille en même temps, ce qui se produit parfois dans un accident de la route par exemple.*

La situation est particulièrement grave et délicate lorsque le parent qui disparaît se trouvait être l'unique adulte du foyer.

Et ce ne sont pas seulement les enfants et les adolescents qui sont concernés mais aussi les adultes. Je pense à cette consultante qui s'est effondrée après la mort de sa mère. Cette perte a été cruelle voire dévastatrice, parce que la mère était depuis toujours l'unique objet d'amour.

Enfant unique, la consultante n'avait de relations affectives qu'avec sa mère, son père ayant très tôt quitté le foyer.

Si la disparition de la mère produit ces effets dévastateurs (la consultante délaisse ses enfants, commence à boire et sort toutes les nuits), c'est également parce que cette perte réactive l'absence du père.

Les objets, mémoires des parents disparus

Refermons ce chapitre en disant quelques mots à propos des objets que les parents et aïeux nous ont laissés. Dans bien des cas, ces objets deviennent précieux : sur eux se projettent les lieux qui nous unissaient au parent disparu. Si, dans certains cas, les objets peuvent être chargés de signification (qu'a-t-on reçu de tel parent et pourquoi ?), en conserver certains à l'âge adulte témoigne parfois d'un attachement contre-nature. À ce sujet, deux cas me viennent en mémoire : le premier concerne un consultant âgé d'une trentaine d'années qui portait au doigt l'alliance de sa grand-mère décédée.

Quelques mois plus tard, il annonce qu'il va se marier et qu'il offrira à sa fiancée cette même alliance.

Sans le lui dire, je pensais que le mariage n'avait pas grand avenir.

Effectivement il allait divorcer après quatre années de mariage.

En portant cette alliance, la jeune épouse devenait l'aïeule. Celle-ci étant décédée, la relation maritale allait s'amenuiser et perdre sa vitalité.

L'autre cas concerne une jeune femme qui vient en consultation après le décès de son père. D'emblée elle me dit porter au poignet la montre que son père avait le jour de son décès. La montre semblerait s'être arrêtée au moment même de la mort si bien qu'elle marque toujours la même heure depuis des semaines.

La fixation à l'objet témoigne de l'attachement au père disparu.

Tant que la consultante ne se sépare pas elle-même de la montre, le père demeure présent et cette fixation peut durer des mois, voire des années.

Dans cet exemple le temps semble s'être réellement arrêté.

7.

Les deuils non faits et leurs conséquences

Si l'un de nos parents s'est trouvé dans les cas décrits précédemment, quelles peuvent être les conséquences pour notre génération et celles à venir ?

C'est ce que nous allons exposer à l'aide de courts exemples dans ce chapitre.

Avant de nous concevoir, notre père avait perdu sa mère

Pour commencer, voyons ce qu'il en est lorsque notre père était orphelin de mère.

Dans cet exemple, le père de la consultante a perdu sa mère à l'âge de vingt-six ans, soit deux ans avant de se marier. Il n'a pas de sœurs, si bien que sa mère était l'unique figure féminine présente au sein du foyer originel.

Celle-ci, âgée d'une cinquantaine d'années est décédée après avoir souffert de troubles cérébraux durant plusieurs mois.

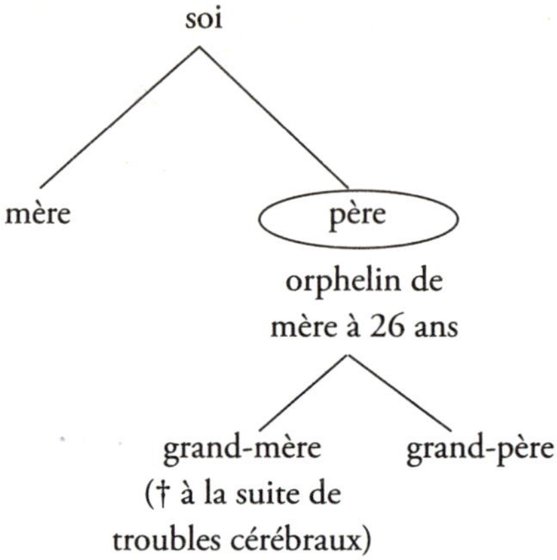

12. Un père orphelin de sa mère à 26 ans

Son fils, à savoir le père de notre consultante, présente alors tous les traits du complexe maternel : une hypersensiblité et une grande susceptibilité, une attitude introvertie ainsi qu'un caractère secret et timide qui se double d'une avarice incontestable. Ses enfants ne l'ont jamais vu avec de l'argent tant il se montrait inquiet à l'idée de devoir s'en séparer.

Morte, sa mère est plus puissante encore que lorsqu'elle était vivante car leur relation est demeurée inachevée.

Ainsi cet homme est-il demeuré inconsciemment fixé à sa mère sur le plan émotionnel d'autant plus qu'elle est morte prématurément.

Si sa névrose concerne également l'argent, c'est parce que ce dernier est un symbole maternel dans la mesure où il permet en premier lieu de satisfaire les besoins vitaux, c'est-à-dire d'acquérir nourriture, logement et confort.

La forte fixation à l'objet d'amour induit une faible capacité de résistance à la frustration et à la déception. Mélancolique, le père est prêt en toute occasion à se sentir déçu, trahi ou abandonné par ses objets d'amour.

Derrière le deuil de sa mère, se dessine la folle passion dont elle demeure l'objet et qui fait de son deuil une expérience impossible.

Le père a une attitude évasive avec sa fille (la consultante), qui est son premier enfant.

Le premier enfant né au foyer est souvent le plus fragilisé, car il porte les projections parentales. Dans cet exemple, comme la consultante est née après le deuil non fait de la mère, c'est l'image de celle-ci qui lui est progressivement imposée : elle est identifiée à la mère disparue.

Signalons, qui plus est, que dans les prénoms de la consultante est « réutilisé » le prénom de la grand-mère, que le père a tenu à lui donner.

Avant de nous concevoir, notre père avait perdu son père

Il s'agit d'une consultante dont le grand-père paternel est décédé prématurément à l'âge de cinquante ans des suites d'un cancer des intestins. Très nerveux, le grand-père fumait exagérément et le cancer semble être dû en partie à sa dépendance au tabac. À l'âge de quinze ans, le père de la consultante est donc orphelin de père.

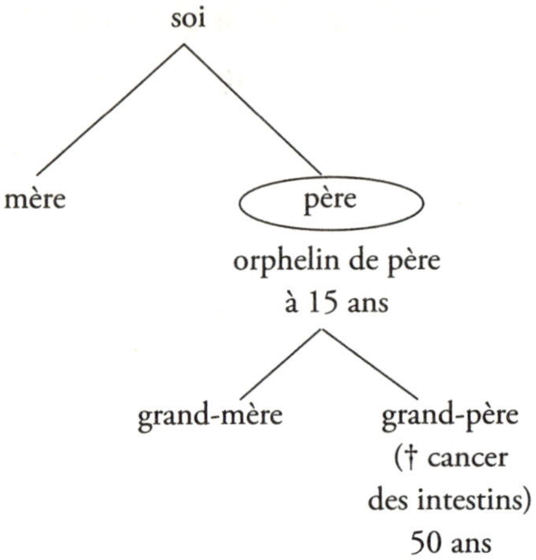

13. Un père orphelin de son père à 15 ans

De fait, à l'âge adulte, lui-même ne sait pas être un père.

Voilà une des conséquences transgénérationnelles majeures due à la perte prématurée du père : il est difficile d'être un père à son tour sans avoir bénéficié auparavant d'un modèle.

De plus, devenir un père peut être potentiellement redouté, puisque l'image que l'on en a est celle d'un homme qui décède prématurément.

Ainsi, dans l'exemple cité, le père se montre-t-il relativement indifférent vis-à-vis de ses enfants ; il a peu d'autorité et délègue les décisions à son épouse et/ou ses beaux-parents.

Parlant peu et se montrant habituellement évasif, il ne saurait être un modèle rassurant pour ses enfants. Quant à leur avenir, il ne donne aucune directive, ne les conseille pas et ne les soutient ni moralement ni financièrement.

De fait, et en dépit de sa présence physique au foyer, ses enfants se trouvent devant une absence de figure paternelle. Le père n'est pas mort comme le grand-père paternel une génération auparavant, mais sa présence est fragile ; c'est même lui qui parfois recherche stimulation et soutien auprès de ses enfants (parentification).

Dans un deuxième exemple, il s'agit d'un jeune homme qui, durant son enfance (il avait dix ans), a perdu son père de maladie. À l'âge adulte, il s'est marié avec une jeune femme dont le père est mort dans un accident de voiture lorsqu'elle aussi avait dix ans.

Nous voyons ici que les deuils non faits déterminent en premier lieu le choix du conjoint. Parmi d'autres possibilités, celui-ci est élu de manière préférentielle en raison d'éléments généalogiques semblables.

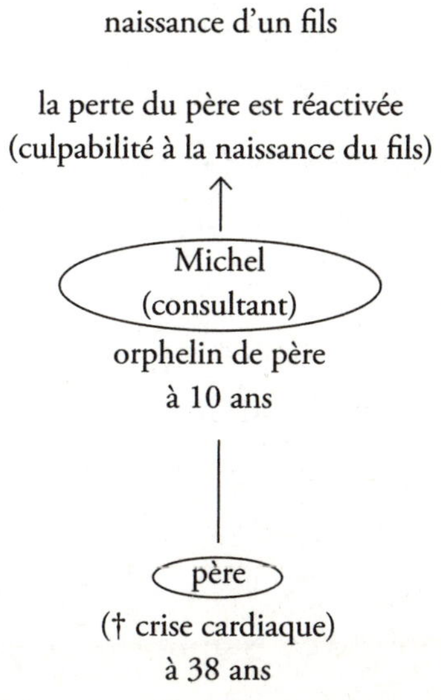

14. Un consultant orphelin de père à 10 ans

Depuis peu, le consultant se montre tourmenté et anxieux à la suite de la naissance de son fils.

Si ce consultant voit son comportement s'altérer au moment de la naissance de son fils, c'est parce que bien des aspects concernant la mort de son propre père demeurent irrésolus.

Lors des consultations, il avouera qu'au fond de lui, il s'était toujours cru responsable de ce décès prématuré en raison de son propre comportement turbulent qui semblait fatiguer son père (celui-ci souffrait de problèmes cardio-vasculaires et il est mort d'une crise cardiaque).

Cette culpabilité reste enfouie dans les cas où l'enfant n'a pas pu parler librement du décès avec son autre parent ou un autre membre de la famille.

Le sentiment de culpabilité (non justifié la plupart du temps mais dû à l'interprétation que fait l'enfant de certains événements familiaux) est généralement sous-jacent *au comportement agressif et hostile et à l'angoisse grandissante ressentie au moment de devenir père à son tour.*

Avant de nous concevoir, notre père avait perdu ses deux parents

Dans cet exemple, le père de la consultante a perdu ses deux parents alors qu'il était jeune homme.

Depuis, il se montre constamment déprimé.

Son humeur est maussade et son caractère profondément triste.

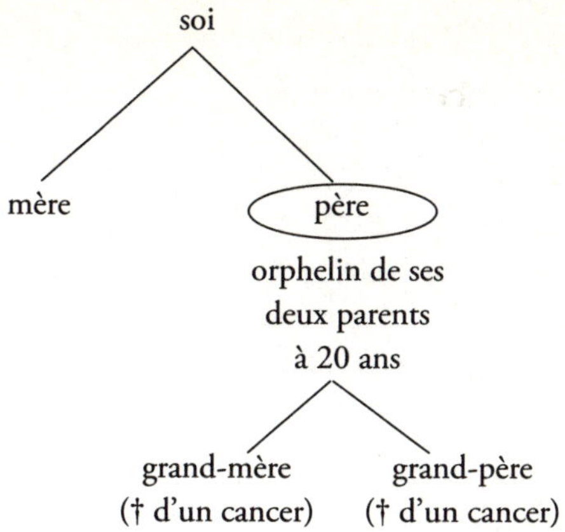

15. Un père orphelin de ses deux parents à 20 ans

Même en vacances, il ne parvient pas à se reposer et pleure sans raison.

Extérieurement tout va bien : il n'a aucune difficulté financière, a beaucoup de temps pour lui-même, voyage à l'étranger et son épouse se montre compréhensive.

La tristesse à laquelle rien ne cède semble être une conséquence de la double perte parentale subie à quelques années d'intervalle.

Cependant, après une enquête généalogique, il s'avérera que ce sont à la fois les *comportements peu affectueux des parents avant leur décès* (non reconnus comme tels), *leurs secrets non divulgués de leur vivant* (le père était alcoolique et la mère entretenait une liaison sérieuse hors mariage) ainsi que *les circonstances peu claires de leur disparition* (la maladie) qui ont empêché d'entamer le processus de deuil.

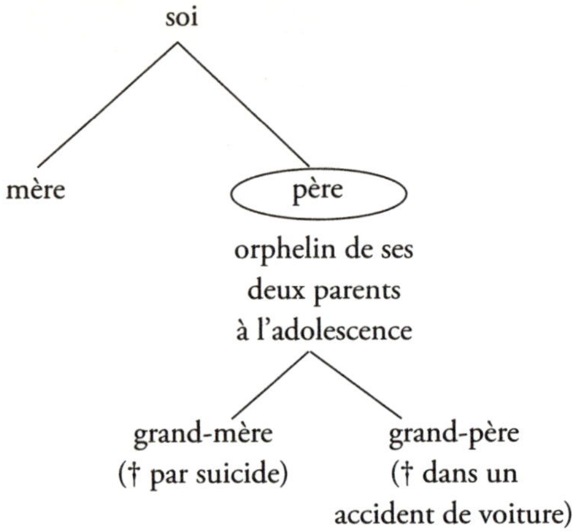

16. Un père orphelin de ses deux parents à l'adolescence

Dans le cas suivant, le père de la consultante est également orphelin de ses deux parents, morts alors qu'il était adolescent.

Ce qui prédomine dans le caractère du père est une vision pessimiste de la vie entretenue au fil des années. Les enfants en sont bien évidemment les premières victimes : leur père offre la triste image d'un être morose et refermé sur lui-même, habituellement négatif et redoutant les événements qui pourraient survenir (dans la mesure où il les redoute, ceux-ci pourraient bien survenir !...).

Cette tristesse est due au fait que les sentiments dépressifs liés à la perte des parents n'ont pas été surmontés. Malgré les années, le père est toujours fixé à la perte de ses propres parents. De plus, ils sont morts de maladie et prématurément : l'espoir a disparu, et le pessimisme domine.

C'est ce manque d'espoir dont le parent ne parvient pas à se départir, qui, par la suite, est projeté dans la vie quotidienne. Il transmet alors ses sentiments dépressifs à la génération suivante qui devra, pour s'en libérer, en identifier l'origine, à savoir le décès prématuré des grands-parents paternels.

Le père quittera son foyer dans les années qui suivront.

Ayant été abandonné, il abandonnera à son tour en guise de représailles.

Nous constatons encore une fois que les deuils non faits conduisent à la répétition du passé. C'est la raison pour laquelle nous avons précisé au début de ce chapitre qu'un deuil non fait peut engager plusieurs générations.

Avant de nous concevoir, notre père avait perdu un membre de sa fratrie

La perte prématurée d'un frère ou d'une sœur est bouleversante au même titre que celle du père ou de la mère. Si, avant de nous concevoir, notre père avait perdu un membre de sa fratrie, sa disparition peut, en profondeur, modifier non seulement son comportement devant la vie, mais aussi son attitude vis-à-vis de sa propre descendance.

Dans ce cas également nous pouvons parler de deuils non faits porteurs de profondes traces dans la lignée.

Il s'agit ici d'un consultant dont le père avait une sœur. Celle-ci, âgée de quinze ans à l'époque, est morte noyée.

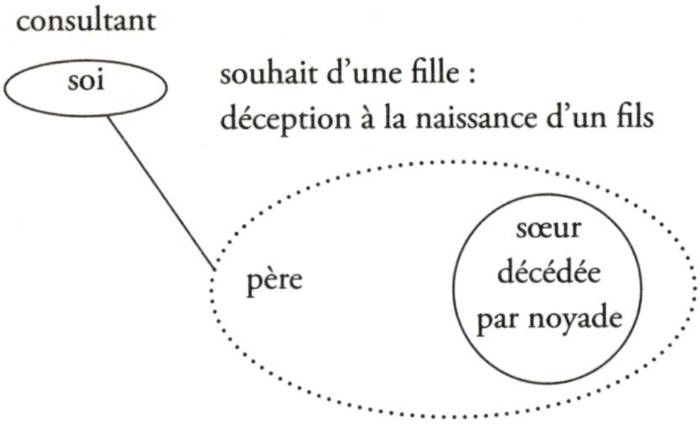

17. Le père a une sœur noyée à l'âge de 15 ans

Le décès de cette sœur, seule fille après la naissance de trois garçons, a représenté un drame véritable pour le père.

Si le père du consultant a ensuite mal réagi à sa naissance, c'est parce qu'il a été très déçu que son enfant soit un garçon.

Secrètement il souhaitait que naisse une fille (pour remplacer sa sœur morte à l'orée de l'adolescence). Ce désir prouve que le deuil n'a pas été fait.

Nous apprendrons en consultation que le père était absent lorsque sa sœur est morte, il se trouvait à l'étranger et ignore encore tout des circonstances réelles du drame. Il ne sait pas comment sa sœur a pu se noyer et ne saurait dire s'il s'agit d'un accident ou d'un acte suicidaire (et, si c'est le cas, quelles pourraient être les raisons).

Prenons un deuxième exemple à présent : il s'agit d'une consultante dont le père a perdu son jeune frère dans un accident. Celui-ci avait vingt ans.

Ce cas est un peu différent car ici les deux frères présentaient un très faible écart d'âge – un peu plus d'un an – et

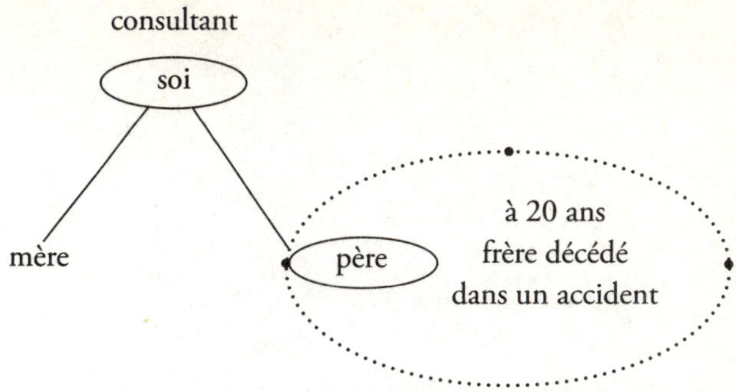

18. Un père dont le frère est décédé prématurément dans un accident de voiture

se trouvaient en compétition pour gagner l'amour de leurs parents. D'une certaine manière, la disparition prématurée du jeune frère ressemblait davantage à une forme de suicide (dans un accident), comme s'il s'effaçait pour laisser la prépondérance à l'aîné qui, de son côté, réussira fort bien sur le plan social.

Par la suite, le père de la consultante, orphelin de frère, n'a eu que des filles.

Il s'agit là encore d'une répétition : *la relation au frère s'étant interrompue une génération plus tôt, ses filles ne la connaîtront pas non plus car elles demeureront entre sœurs, tout en étant compétitives entre elles.*

Avant de nous concevoir, notre mère avait perdu sa mère

Voyons à présent ce qu'il en est du côté maternel, c'est-à-dire que se passe-t-il lorsque avant de nous concevoir notre mère était déjà orpheline de la sienne ?

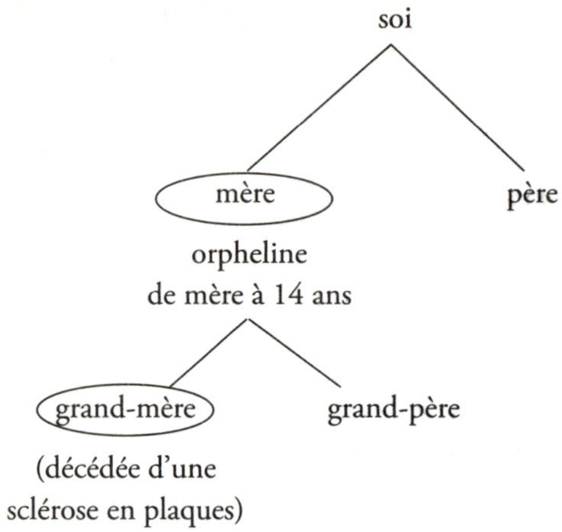

19. UNE MÈRE ORPHELINE DE SA MÈRE À 14 ANS

Il s'agit ici d'une consultante dont la mère a perdu sa propre mère (la grand-mère maternelle) à l'âge de quatorze ans.

La grand-mère maternelle est décédée d'une sclérose en plaques et sa fille, la mère de notre consultante, n'en a rien su à l'époque.

Comme ils trouvaient qu'elle était trop jeune pour connaître la vérité, son père et les autres membres de la famille lui cachèrent la nature de la maladie, sa gravité ainsi que ses progrès inexorables.

La mort de la mère demeurera un mystère, qui amplifiera le désir de la retrouver. Devenue adulte, son enfant deviendra d'une possessivité jalouse vis-à-vis de sa propre fille (notre consultante).

Dans ce cas, le rapport mère/fille ayant manqué à la génération précédente, il se trouve renforcé à la génération suivante.

Ainsi, une enfant qui a perdu sa mère devient plus tard et à l'inverse une mère surprotectrice, ne vivant que pour nourrir, surveiller, protéger et éduquer son enfant.

Elle semble ainsi compenser a posteriori *une carence affective de première importance. Le danger est que cette compensation se transforme en ce que l'on souhaitait précisément éviter, à savoir le relâchement des liens en raison de l'excessive possessivité maternelle.*

Avant de nous concevoir, notre mère avait perdu son père

Il s'agit d'un consultant dont la mère a perdu son père avant de le concevoir (elle avait quinze ans). Si bien que

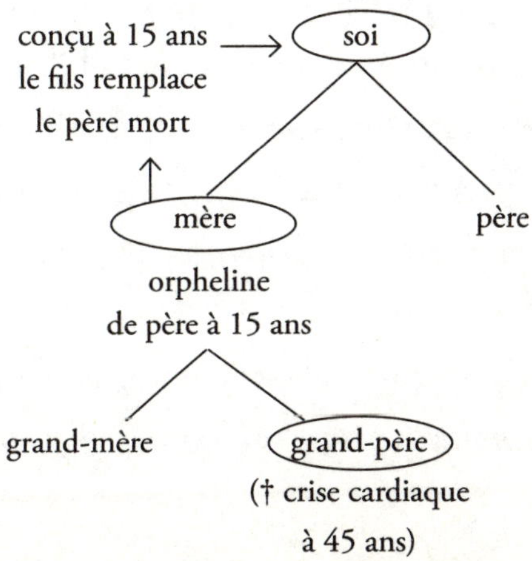

20. Une mère orpheline de père à 15 ans

l'enfant qui naît – notre consultant –, est inconsciemment relié voire identifié à son grand-père maternel.

Depuis sa naissance, il est mal accepté. C'est ainsi que la mère a choisi de vivre dans une maison dans laquelle il n'est pas prévu de chambre pour cet enfant qui grandit : il dort dans la salle à manger (transformée chaque soir en dortoir temporaire et sans intimité).

Le manque d'espace – inconsciemment choisi dans ce cas – signifie à l'enfant que sa présence est simplement tolérée.

Comme la mère avait des contentieux affectifs non réglés avec son père, la relation à son fils en est également troublée.

Ainsi que nous l'avons précisé, sur le premier enfant se projettent des sentiments qui ne sont pas neutres lorsque, avant sa conception, ses parents avaient perdu leur père ou leur mère. Selon les cas, l'enfant est soit fort bien accepté car il « remplace » le parent disparu, soit vu comme un simple prolongement du parent mort auquel il sera identifié (notamment s'il est de même sexe que celui-ci).

Sur lui se projettent alors les véritables sentiments hostiles vis-à-vis de la personne disparue qui étaient refoulés jusqu'alors.

C'est ce qui explique que certains enfants soient traités avec indifférence voire maltraités sans qu'existent de raisons apparentes.

AVANT DE NOUS CONCEVOIR NOTRE MÈRE AVAIT PERDU SES DEUX PARENTS

Si elle a perdu ses deux parents de manière prématurée, une femme recherchera avant tout des parents de substitution.

En dernier recours, c'est bien une alliance ou un mariage qui offre la possibilité de s'adjoindre une belle-parenté. Ainsi une jeune femme orpheline choisira-t-elle inconsciemment un conjoint dont les parents seront très présents.

Dans l'exemple que nous souhaitons citer, il s'agit d'une jeune femme (la future mère de notre consultante) qui a perdu ses deux parents durant son adolescence.

Plus tard elle choisit d'épouser un jeune homme qui, de son côté, est très proche des siens. Le couple ira vivre chez eux et donnera naissance à deux enfants.

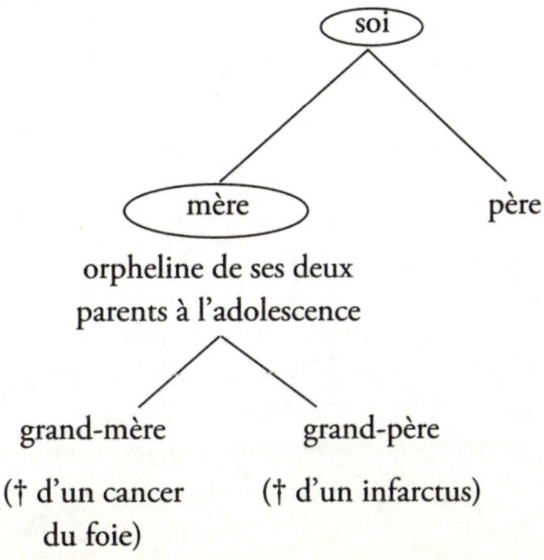

21. UNE MÈRE ORPHELINE DE PÈRE ET DE MÈRE DURANT SON ADOLESCENCE

Ceux-ci seront éduqués par les grands-parents paternels.

Dans ce cas, nous voyons bien que la mère recherche des parents substitutifs parce qu'elle n'a pas fait le deuil des siens. Cette situation demeure pourtant sans véritable solution car ses propres enfants seront éduqués par les grands-parents paternels (les parents sont alors désinvestis de leur rôle).

Une fois encore, une vaste enquête sur les circonstances du décès des parents, tous deux morts de maladie à quelques années d'intervalle, sera indispensable pour comprendre ce qui, dans le déroulement des décès, demeure encore inconnu.

Avant de nous concevoir, notre mère avait perdu un membre de sa fratrie

Il s'agit d'une consultante dont la mère était enceinte d'elle peu après le décès de son frère (une maladie grave et dégénérative). Ce frère, de quelques années son cadet, avait vingt-cinq ans.

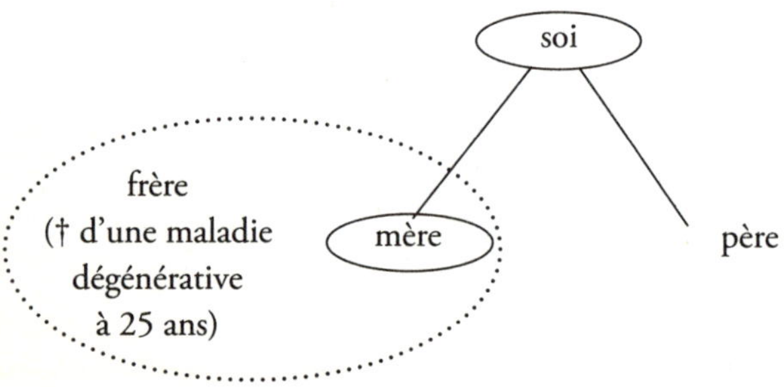

22. Une mère dont le frère est décédé prématurément de maladie

De fait, la mère de la consultante n'a donné naissance qu'à des filles.

Elle n'a jamais mis au monde un garçon qui aurait pu être *un frère* pour ses filles. Pourquoi la relation au frère est-elle inconsciemment écartée en ce cas ?

Premièrement parce que le frère était également un enfant illégitime du côté du père, deuxièmement parce que la relation entre le frère et la sœur était peu profonde et troisièmement parce que ce frère est mort très jeune et d'une maladie contagieuse.

Tous ces aspects font redouter la réapparition d'un frère au sein de la lignée.

Sa possible survenue au travers de la naissance d'un fils est immédiatement écartée par l'inconscient : la mère de la consultante a naturellement avorté du seul garçon qu'elle attendait après la naissance de plusieurs filles.

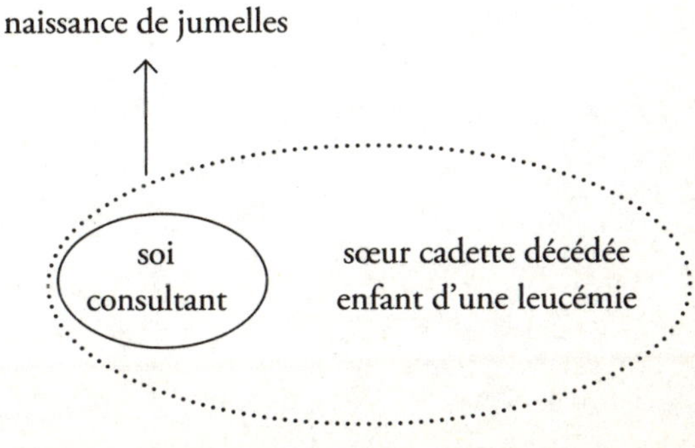

23. LA PERTE D'UNE SŒUR CADETTE ET LA NAISSANCE DE JUMELLES

Voyons un tout dernier cas, celui d'un homme dont la jeune sœur est décédée d'une leucémie alors qu'elle était enfant.

À l'âge adulte, cet homme dont la sœur est morte réagira à cette perte en donnant naissance à des jumelles. La venue au monde de deux fillettes est une mesure de protection. *Elle a pour but d'éviter un effondrement familial dans le cas où une répétition du drame se produirait à la génération suivante.* Ainsi, au cas où l'une des deux fillettes mourait lors de son enfance, sa jumelle pourrait-elle la remplacer…

8.

Remplacer l'objet d'amour

Les tentatives pour remédier à la perte définitive d'un parent s'exprimeront dans les semaines ou les mois qui suivent cette disparition.

L'ALLIANCE

Dans de nombreuses situations, une rencontre sentimentale importante va survenir et une union sérieuse peut être décidée, voire un mariage.

Cependant, se serait-on uni à un conjoint si le parent n'était pas mort dans les mois précédents ?

Rien n'est moins certain.

Cela n'est pas préoccupant si le parent disparu avait jusqu'alors implicitement interdit que son enfant accède à une vie affective en dehors de sa relation avec lui. Dans ce cas, il s'agit d'une véritable libération.

Toutefois, une rencontre immédiate après le décès d'un

parent doit alerter sur la possibilité que le conjoint puisse avoir les mêmes traits de caractère (négatifs) que le parent disparu. Si l'on doit être vigilant, c'est que ces traits ne s'exprimeront pas de prime abord, mais bien davantage une fois que la relation sera engagée et que les partenaires seront amoureux.

L'analogie entre le parent disparu et le conjoint (choisi par l'inconscient) est évidente dans certains cas : une même profession, un même âge ou une même date de naissance, une ressemblance physique ou un patronyme semblable.

On tombe alors amoureux d'un nom, d'un visage, d'une manière d'être qui rappelleront de quelque façon le parent disparu.

La conception d'un enfant

De façon sous-jacente, il existe alors le désir de remplacer la personne disparue en donnant naissance à un enfant dans les semaines ou les mois qui suivent.

Parfois ce désir peut demeurer latent pendant plusieurs années, c'est le cas par exemple lorsqu'un jeune garçon perd sa mère.

Plusieurs années s'écouleront avant qu'il se marie puis donne naissance à un enfant. Pourtant, le désir de remplacer la mère n'a jamais disparu et la naissance de son premier-né – surtout s'il s'agit d'une fille –, comblera l'absence initiale de la figure maternelle.

Dans de nombreux cas, nos parents vont décider de nous concevoir dans le but de remplacer soit leur père, soit leur mère, soit un membre de leur fratrie, soit un autre membre de la famille (leur grand-père ou leur grand-mère ou un frère ou une sœur de ces derniers).

Retrouver l'objet d'amour perdu devient alors une motivation puissante pour engendrer une descendance.

Devenir conscient de ce processus permet d'en limiter les effets.

Aussi, pour savoir si notre conception correspond à un désir de remplacement, nous dresserons rapidement un schéma résumant les décès familiaux antérieurs. Ce schéma permettra de résumer en une image la situation de la généalogie familiale au moment où nous avons été conçu.

Seront intégrés dans cette illustration non seulement les parents les plus proches mais également les membres de la parenté plus éloignée, comme les membres du cousinage et la parenté par alliance.

Ce tableau permettra de relier éventuellement notre conception à un décès précédent et significatif au sein de la parenté proche.

Qui remplace-t-on, pourquoi et dans quel but, voici les questions fondamentales que nous devons nous poser ici.

Précisons que la transmission du prénom de la personne disparue signe également son remplacement effectif.

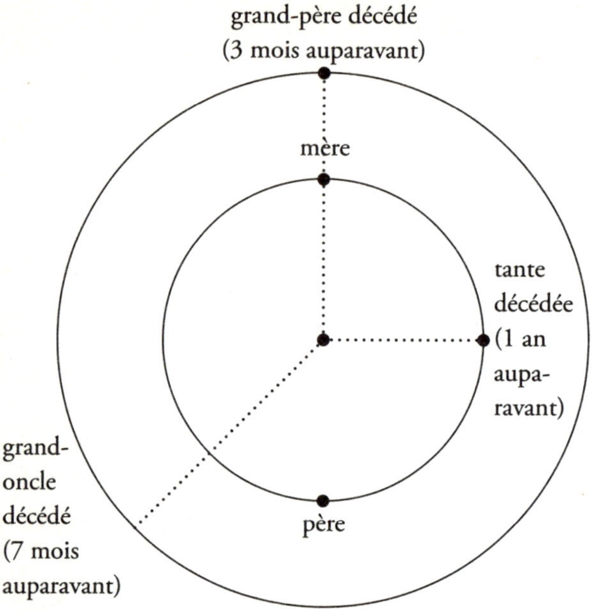

24. NOTRE CONCEPTION CORRESPOND-ELLE À UN DÉSIR DE REMPLACEMENT ?

Remplacer un autre enfant

Nous devenons *un enfant de remplacement* lorsque nos parents nous ont conçu dans le but de remplacer leur enfant décédé prématurément.

Quand des parents perdent leur enfant en bas âge, sa disparition entraîne un bouleversement tel qu'il peut mettre en danger non seulement l'avenir même du couple mais également celui de ses autres enfants.

De plus, dans le cas d'enfants mort-nés ou des enfants prématurés qui décèdent, le personnel hospitalier élimine très vite les traces du bébé, son corps étant amené jusqu'à une fosse commune dont les parents ne savent rien.

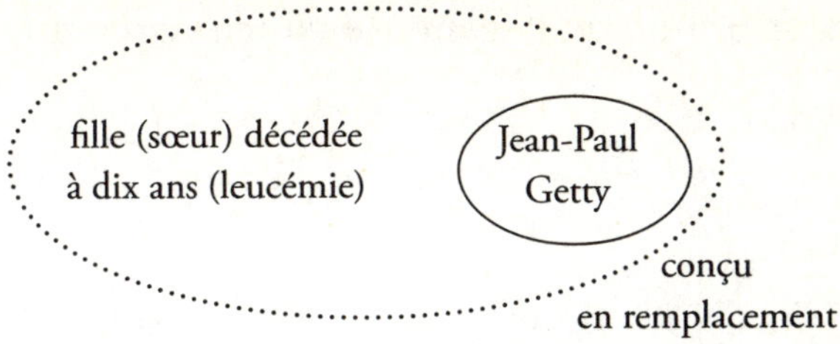

25. L'ENFANT DE REMPLACEMENT (EXEMPLE : JEAN-PAUL GETTY)

Or, c'est tout le contraire qu'il faudrait faire pour que les parents puissent commencer ensemble leur travail de deuil.

Dans le cas contraire et très rapidement, la naissance d'un nouvel enfant va être souhaitée.

Voyons un exemple. Le cas est tiré de la biographie de Jean-Paul Getty, milliardaire américain, classé comme l'un des hommes les plus riches du monde au milieu du XXe siècle, grâce au pétrole [1].

Il avait été conçu par ses parents en remplacement de leur fille décédée quelques mois auparavant des suites de la typhoïde (elle avait dix ans).

En fait, il se présentait comme *un véritable enfant de remplacement.*

Devenu adulte, quelles allaient être les conséquences de cette situation ?

Tout d'abord il lui fallait éviter à tout prix de donner naissance à une fille : en effet, toute fillette grandissant en bonne santé le mettait aussitôt en danger de disparaître lui-

1. Russel MILLER GETTY, *La Vie secrète de l'homme le plus riche du monde*, traduction française, Paris, Éditions Presses de la Cité, 1986.

même étant donné qu'il avait été conçu parce que sa sœur était morte.

Si elle était demeurée vivante, ses parents ne l'auraient sans doute pas conçu.

Marié plusieurs fois, il n'a eu – au plan légitime – que des *enfants mâles.*

Par mesure de protection, l'inconscient a ainsi assuré sa survie.

Toutefois, il est intéressant de constater ce qui se passa lorsque à la génération suivante, son fils aîné et l'épouse de celui-ci attendirent leur premier enfant (une fille).

Getty était alors en danger de mourir en raison de la réapparition d'une fille dans la lignée. Or, dès ce moment, il ne rentra plus jamais aux États-Unis.

Ce fut pourtant une décision inconsciente. Tous les ans il faisait un voyage en Europe dans le but d'enrichir ses collections d'œuvres d'art, mais, l'année de la naissance de sa petite-fille, il différa son retour tant de fois que les mois puis les années passèrent et qu'il s'installa définitivement loin de son foyer américain.

Il passa les vingt-cinq années suivantes en Europe et s'installa en Angleterre sans jamais penser rentrer chez lui. Si son entourage et ses biographes demeurent perplexes sur cette attitude inexplicable, contraire à ses affaires et à sa vie familiale, c'est que celle-ci relève d'une mesure de protection élémentaire.

En effet, l'éloignement géographique est le plus instinctif des mécanismes de défense lorsqu'on se trouve sous l'influence de programmes généalogiques.

Si Jean-Paul Getty assura ainsi son salut, la même année, son plus jeune fils demeuré aux États-Unis tomba gravement malade (on lui découvrit une tumeur au nerf optique) et il mourut des suites de la maladie peu après sa dixième année (comme la sœur du père).

Nous constatons dans ce cas que si l'éloignement géographique éloigne le danger pour soi-même, il ne fait pas disparaître le programme généalogique, il le diffère simplement et la génération suivante le reprend à son compte.

Pour résoudre la difficulté, encore aurait-il fallu enquêter plus amplement sur le décès initial de la sœur aînée et les circonstances qui l'ont entouré.

Coïncidence exacte entre le décès et la gestation

Même si ce cas ne relève pas réellement du remplacement, il demeure intriguant.

Pourquoi en effet un membre de la parenté va-t-il décéder au cours d'une gestation ? Voyons quelques exemples de ces cas exceptionnels.

Le premier concerne le Président Bill Clinton.

Par la passionnante biographie qu'il vient d'écrire et de livrer au grand public, nous savons que son père biologique est mort durant sa gestation.

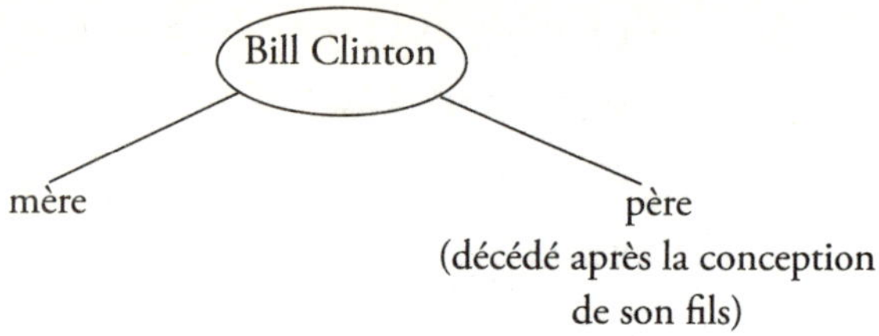

26. UN PÈRE DÉCÈDE DURANT LA GESTATION DE SON ENFANT (EXEMPLE : BILL CLINTON)

On se rappellera que celui-ci, représentant de commerce à l'époque, a eu un accident de voiture mortel alors que son épouse était enceinte de leur enfant.

De fait, il était mort depuis plusieurs semaines lorsque son fils vit le jour.

Cette configuration hors norme qui voit mourir un géniteur avant la naissance de son enfant autorise cependant ce dernier à connaître un destin qui peut être tout aussi hors norme.

En réalité, grossesse et décès se déroulant dans le même temps, il s'agit bien là du rapprochement de deux événements qui sont opposés par nature. Il s'agit donc d'un Mysterium Conjonctionis[2], *une mystérieuse conjonction qui réunit des contraires. Celle-ci est susceptible de produire un effet extraordinaire à l'image de la puissance du monde des origines : celui-ci peut être tantôt sombre tantôt clair, non seulement bestial, grotesque et sauvage, à moitié humain et démoniaque, mais aussi surhumain, d'essence spirituelle et divine.*

2. Lire à ce sujet les ouvrages de C. G. Jung se rapportant à la dynamique du Moi et de L'Inconscient.

D'autres destins exceptionnels paraissent découler de configurations généalogiques spécifiques, comme la mort d'un jumeau lors de la naissance (Elvis Presley, Philip K. Dick).

Prenons un deuxième exemple qui illustre la coïncidence décès/gestation ; il s'agit d'une mère qui décède alors que sa fille est enceinte de sept mois.

Alors que toute la famille vient d'assister au mariage du frère de la future maman, leur mère meurt quelques jours plus tard dans un accident de voiture.

Remarquons le fait que la mère décède juste après cet événement central : de fait elle aimait beaucoup son fils et succombe après son départ du foyer familial.

Or, l'accident mortel a été provoqué par le fait que la mère avait souhaité emporter une boisson avec elle, laquelle s'était renversée dans l'automobile : le mari, qui conduisait à ce moment-là, avait perdu la maîtrise du véhicule.

La mère mourut sur le coup alors que son mari, bien que grièvement blessé, en réchappa.

La fille du couple, alors en deuil, accoucha dans les semaines qui suivirent d'une petite fille qu'ils prénommèrent comme la grand-mère qui venait de mourir (Suzanne), sans se rendre compte du poids que le prénom peut représenter. L'enfant hérita donc immédiatement de l'identité de sa grand-mère maternelle dont le deuil était loin d'être abouti. Nous avons eu l'occasion de mentionner le fait qu'il est fortement déconseillé d'attribuer à un nouveau-né le prénom d'un parent disparu.

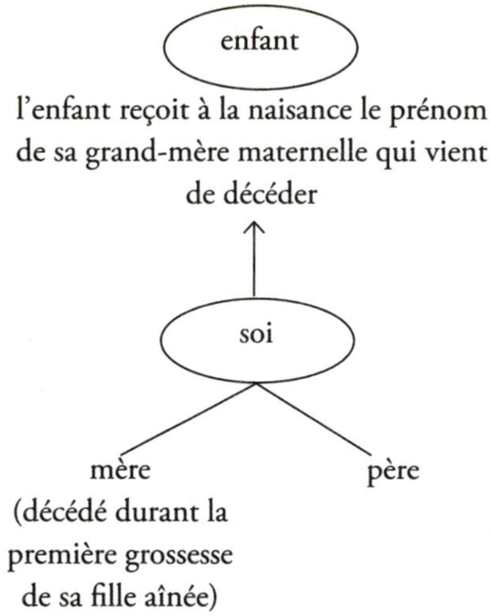

27. DÉCÈS ET RÉATTRIBUTION DU PRÉNOM : IDENTIFICATION À LA GRAND-MÈRE DISPARUE

D'une certaine manière, l'inconscient établit des liens de manière élémentaire entre deux événements lorsqu'ils se produisent dans le même temps.

Dans ce cas, nous avons le résultat suivant : la gestation est concomitante d'un décès, c'est-à-dire de la disparition définitive d'une personne de la parenté. *Un certain lien de cause à effet peut même être établi : la grossesse et la naissance proche entraînent un décès. Cette hypothèse va se vérifier.*

Le système familial semble stable jusqu'à ce que la jeune femme et son époux attendent un autre enfant. Dès lors il existe un danger que cette nouvelle grossesse proche de son terme entraîne à nouveau un décès dans la parenté.

En effet, quelques jours après la naissance de ce second enfant, Suzanne, leur première-née, connaît des problèmes de santé. Une leucémie est diagnostiquée.

Et c'est l'enfant elle-même qui meurt, protégeant ainsi les autres membres de la famille.

Citons un dernier exemple au sujet de la coïncidence décès/naissance.

Il est issu cette fois-ci de la biographie de la célèbre actrice Elizabeth Taylor.

Au moment de sa naissance, sa grand-mère maternelle – qui se prénommait Elizabeth – mourut.

L'inconscient familial associe désormais la naissance de la petite-fille et le décès de la grand-mère maternelle.

Que va-t-il se passer à la génération suivante lorsque Liz Taylor donnera naissance à sa première fille ? La mère de Liz, selon le modèle généalogique préétabli, se trouve alors en danger de mort.

Or Liz ne pouvait se séparer de sa mère, non seulement parce que celle-ci était une ancienne actrice dont Liz réalisait les rêves de réussite, mais également parce qu'elle était son parent dominant (le père était en réalité homosexuel). Dans ce cas, ce n'est pas la mère qui mourut, mais le mari de Liz (Mike Todd), dans un accident d'avion quelques semaines après la naissance de leur fille. Le programme généalogique selon lequel un membre de la famille décédait lors de la naissance d'une fille s'est accompli. Il a simplement été détourné sur le conjoint pour protéger la grand-mère maternelle de l'enfant à naître.

La véritable solution à cet enchaînement consisterait à savoir pourquoi la grand-mère de Liz Taylor était morte au moment de sa naissance.

Car cette coïncidence naissance/décès ne relève pas du hasard. La plupart du temps, elle est l'indice de l'existence de sentiments hostiles à la filiation. C'est le cas lorsqu'une femme épouse un homme qu'elle n'aime pas vraiment et conçoit ses enfants par devoir, contrainte ou conformisme. Pour obéir aux normes sociales et se couler dans le moule de la vie familiale, les véritables aspirations sont refoulées. Mais lorsque les enfants que l'on a conçus ainsi ont eux-mêmes des enfants, ce qui demeurait inconscient resurgit et cette lame de fond est dévastatrice.

La naissance de la génération suivante entraîne ainsi le décès de la grand-parenté.

Liz eut bien une autre fille dans les années suivantes, mais, par mesure de protection, celle-ci fut adoptée.

Ramener le parent à la vie

Dans le cas précédent, c'est le décès de l'enfant qui assurait la protection du groupe familial. Voyons un autre exemple qui nous montre que le décès d'un enfant en bas âge *peut avoir pour objectif secret de ramener à la vie un parent disparu.*

Il s'agit d'un couple qui attend un enfant. Durant la gestation, le père de l'épouse décède d'un accident cardiaque. Or ce père était un homme qui avait très bien réussi socialement (il occupait un haut poste diplomatique à l'étranger).

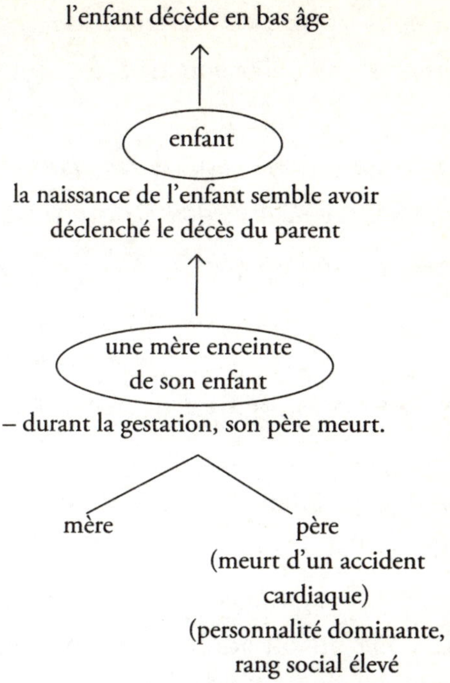

28. DÉCÈS D'UN ENFANT À LA SUITE D'UNE COÏNCIDENCE NAISSANCE/DÉCÈS

L'inconscient associe les deux événements : la conception a pu induire le décès du parent étant donné que le décès a suivi de peu l'annonce de la grossesse.

Dans ce cas, la disparition du père est inacceptable. Si la conception de l'enfant a pu le mettre en danger, alors l'enfant doit disparaître.

C'est ce qui se passera en l'occurence : l'enfant meurt de maladie quelques semaines après sa naissance. On pense ainsi sauver le parent en le ramenant à la vie. L'enfant ayant disparu, tout peut revenir comme avant.

Ainsi que nous avons eu l'occasion de le préciser dans nos précédents ouvrages, pour l'inconscient, le temps linéaire semble ne pas exister.

Entrent alors en jeu des solutions primaires qui, en apparence, seront enmesure de remédier a posteriori *à certaines disparitions familiales non acceptées.*

Rang de naissance et mémoire familiale

Examinons maintenant les rangs de naissance, et voyons comment notre place était occupée à la génération précédente, en particulier si nous trouvons à cette place un enfant décédé en bas âge ou un adolescent, voire un jeune adulte décédé prématurément. C'est ainsi que, si nous sommes l'aîné, nous devons regarder qui était l'aîné à la génération précédente dans la branche maternelle puis dans la branche paternelle.

Prenons un exemple : il s'agit d'un jeune consultant qui est l'aîné de ses frères et sœurs. Dans sa jeunesse, il a beaucoup souffert du mépris que lui témoignait son père, ce dernier cherchant à l'humilier et à le dévaloriser.

Or la fratrie du père comportait un premier enfant décédé accidentellement après sa naissance.

Selon l'empreinte héritée de la génération précédente, la place de l'aîné est mémorisée comme étant celle de l'enfant mort.

Cette mémoire est projetée ensuite négativement sur le présent : elle a pour principale conséquence de détruire les

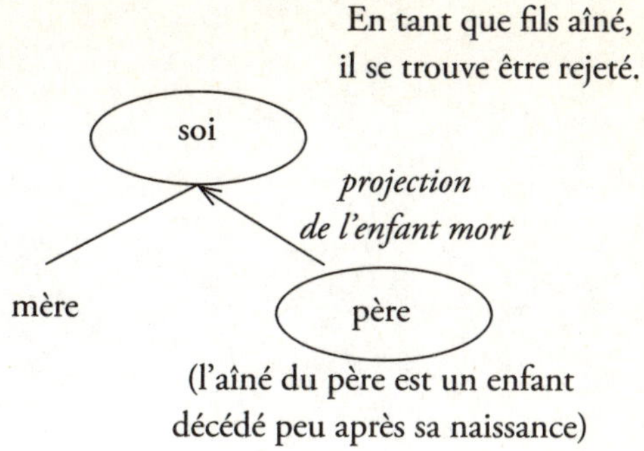

29. PLACE D'AÎNÉ MÉMORISÉE COMME ÉTANT CELLE D'UN ENFANT MORT

liens naturels d'amour entre le père et son premier enfant. Le père, lui-même enfant de remplacement après le décès prématuré de son aîné, voudrait que son premier enfant n'existât pas.

D'où la nécessité absolue de comprendre que les comportements filiaux sont, dans leur grande majorité, hérités des expériences antérieures de la lignée.

C'est cette compréhension qui permet de situer l'origine des problématiques et donc de s'en dégager progressivement en évitant les répétitions.

9.

Perte de la parenté et Temps Généalogique

Le temps généalogique est une temporalité propre à la lignée.

En marge du temps linéaire tel qu'il se déroule pour tous, il existe des cycles qui sont inhérents à l'histoire familiale de chacun.

Par exemple, nous pouvons parler du déroulement d'un cycle fondamental lorsque nous parvenons nous-même – une génération plus tard –, à l'âge qu'avaient nos parents au moment de leur mariage et au moment où ils nous ont donné naissance.

L'objet de ce chapitre est d'étudier ce qui peut survenir lorsque l'on parvient soi-même à l'âge qu'avaient ses grands-parents et/ou ses parents au moment de leur décès.

Lorsque l'on parvient à l'âge de décès de ses parents

Dans les chapitres précédents, nous avons constaté que le deuil est véritablement au centre de la vie psychique. Si l'on ne parvient pas à faire le deuil de la parenté, certaines de nos possibilités personnelles demeureront inhibées.

En raison de ces deuils non faits, on peut s'attendre à l'émergence d'événements particuliers lorsque nous parvenons à ces âges marqueurs, le plus fréquent étant l'apparition d'une dépression mélancolique.

Nous vous proposons de suivre quelques exemples qui permettront de comprendre la nature de ces événements ainsi que la variété des réactions personnelles qu'ils entraînent.

Le premier exemple concerne un homme de quarante-neuf ans venu en consultation pour des difficultés professionnelles. Il a été licencié après plusieurs années de travail au sein de la même entreprise ; or depuis des mois il ne parvient pas à retrouver un emploi.

Une rapide analyse de son arbre généalogique montre qu'au même âge, soit à quarante-neuf ans, son père est mort des suites d'un cancer.

Dans un tel cas, quelques minutes ont suffi pour identifier la cause de la difficulté présente.

Dans de très nombreuses situations de ce type, c'est-à-dire lorsqu'on parvient à l'âge du père et/ou de la mère au moment de leur décès, peut s'ensuivre *une perte*. Celle-ci peut concerner différents domaines de l'existence : le plan sentimental et affectif et/ou le plan professionnel, voire la santé.

Ici, il semble que l'événement social – soit la perte de l'emploi – s'impose apparemment de l'extérieur, mais, en réalité,

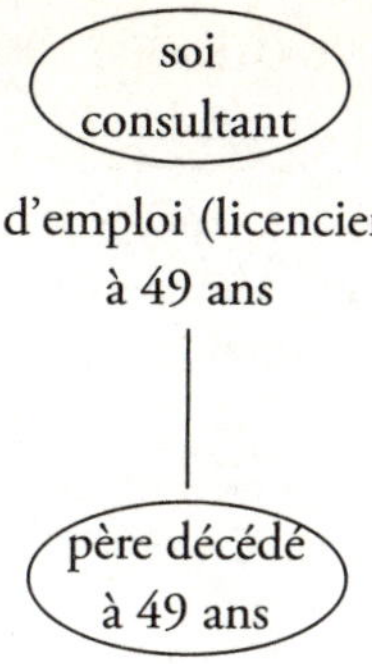

30. REVIVISCENCE D'UNE PERTE À L'ÂGE DU DÉCÈS DU PÈRE

c'est à l'intérieur du Roman Familial qu'il prend sa source. C'est pourquoi l'âge des grands-parents et des parents, voire celui des oncles et tantes et/ou frères et sœurs au moment de leur décès, est un élément central du temps généalogique.

Il est donc possible d'anticiper certains événements et de ne pas réagir par un effondrement personnel à la perte qui s'annonce.

La réaction sera plus ou moins intense en fonction de ce que l'on sait de la nature et des circonstances des décès de la parenté. Elle pourra également être transitoire si on est en mesure de la considérer comme une résurgence généalogique et de ne pas céder à la panique.

Voyons un second exemple : il s'agit d'un homme de trente-sept ans qui atteint l'âge où son père est mort d'une insuffisance respiratoire.

Le consultant entame alors une liaison sentimentale qui demeurera cachée à son épouse. On peut voir dans cet épi-

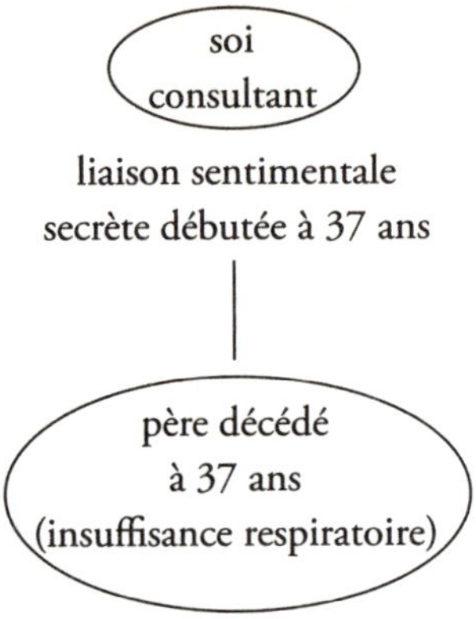

31. LIAISON SECRÈTE À L'ÂGE DU DÉCÈS DU PÈRE

sode affectif le désir inconscient de retrouver l'amour de la figure parentale disparue. Ce qui nous le fait supposer est que la liaison ne remet pas en cause le couple légitime, mais se déroule en parallèle, dans l'ombre de la vie quotidienne.

Ce que l'on garde dans l'ombre, voilé aux yeux de tous, peut être assimilé à ce qui relève du domaine des morts.

Il existe également des cas *où l'on semble devancer la perte en provoquant la séparation d'avec le conjoint.*

C'est exactement la situation d'une autre consultante qui a brusquement décidé de quitter son mari. Elle n'avait pas remarqué qu'elle parvenait alors à l'âge où son père était mort. Il avait en effet trouvé la mort à quarante-cinq ans dans un accident de voiture, et elle-même parvenait à cet âge critique.

Son attitude avait alors brusquement changé et elle s'était mise à repousser les amis et membres de son entourage auxquels elle était le plus attachée.

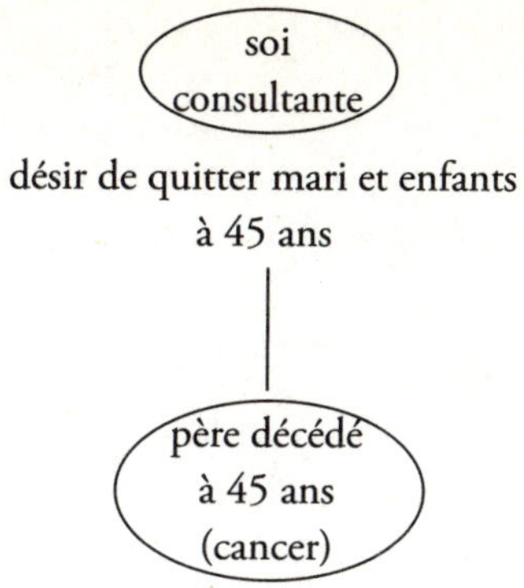

32. DÉSIR DE QUITTER SA FAMILLE À L'ÂGE DU DÉCÈS DU PÈRE

Dans cet exemple, on notera *le caractère impulsif et irrationnel du désir de quitter non seulement les amis mais aussi et surtout un conjoint qui l'aime.*

En réalité ce sont des éléments inconscients qui sont projetés sur le conjoint. En tant que figure masculine, il représente l'image paternelle et la consultante cherche à travers lui à contrôler *a posteriori* la mort de son père.

En ayant, cette fois, l'initiative de la séparation.

Dans un autre cas, il s'agit d'une consultante atteinte d'une grave maladie alors qu'elle parvient à l'âge qu'avait son père au moment de son décès (48 ans).

Ce qui déclenche le symptôme, dans ce cas, c'est bien l'âge auquel on parvient.

Si l'on souffre de problèmes de santé et à plus forte raison de problèmes de santé sérieux, il est important de se demander si l'on parvient alors à un âge marqueur de l'histoire de la lignée. *Le lien est évident lorsque l'on constate qu'il s'agit de l'âge d'un parent au moment de son décès.*

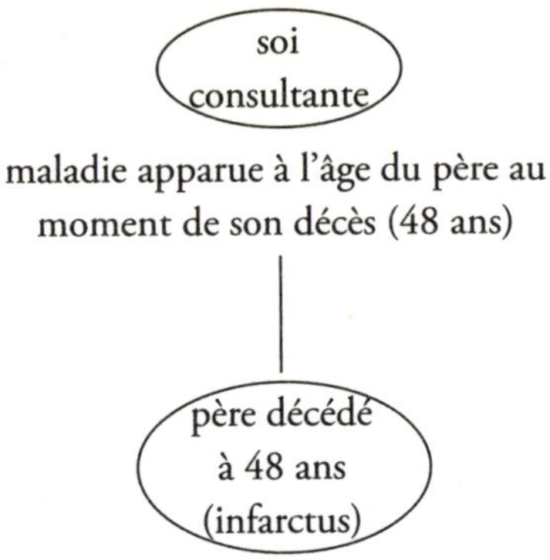

33. L'ÂGE COMME ÉLÉMENT DÉCLENCHEUR DU SYMPTÔME

Il se peut que se mette en place dans l'inconscient le « programme de mourir » quand on parvient à l'âge de décès de ses propres parents (identification)et/ou lorsque l'on connaît mal les détails de leur maladie (remise en scène du symptôme à la génération suivante) [3].

Dans un autre exemple, il s'agit d'un homme qui vient d'avoir cinquante-cinq ans, c'est-à-dire l'âge où son père est mort d'une crise cardiaque.

Le consultant semble progressivement s'éloigner de sa femme et de ses enfants. Dans l'obligation de faire face à une charge de travail croissante tous les jours de la semaine et week-ends inclus, il s'y investit corps et âme au point de ne partager avec les siens qu'un temps minimum.

Ainsi il obéit à son programme généalogique : un père disparaît à cinquante-cinq ans. Fort heureusement il n'y

3. Consulter à ce sujet l'ouvrage précédent, *La maladie, une mémoire généalogique*, Paris, Dervy, 2004.

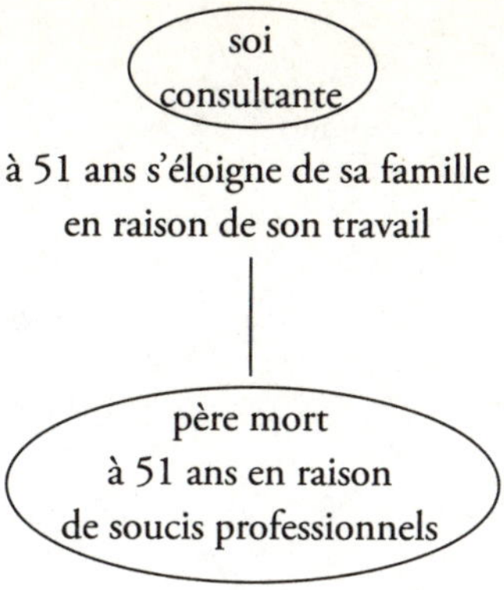

34. SURCHARGE DE TRAVAIL ET ÉLOIGNEMENT DU FOYER À L'ÂGE DU DÉCÈS DU PÈRE

laisse pas sa vie, mais il *imite en quelque sorte la situation antérieure, à savoir le délaissement progressif de son foyer.*

LORSQUE L'ON PARVIENT À L'ÂGE DE DÉCÈS DE SES ONCLES ET TANTES

Des réactions inexplicables et des comportements irrationnels surviennent également lorsque l'on parvient à l'âge de décès de nos oncles et tantes.

Examinons ici le cas d'une enfant anorexique présentée en consultation par sa mère.

La fillette est âgée de six ans. Les troubles ont débuté quelques mois auparavant ; l'enfant avait un peu plus de cinq ans. Sans aucun motif apparent et sans que la vie quotidienne de la famille ait été troublée, la fillette a peu à peu cessé de manger. Nous regardons rapidement l'arbre généalogique de la mère.

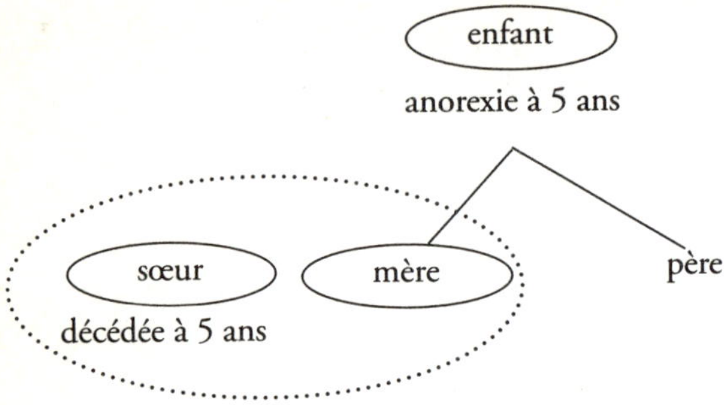

35. ANOREXIE À L'ÂGE DE DÉCÈS D'UNE SŒUR DE LA MÈRE

Nous constatons que la mère avait une sœur cadette décédée prématurément à l'âge de cinq ans.

L'âge de cinq ans est donc inscrit négativement dans l'inconscient familial, car bien qu'ignorant tout du passé affectif de sa mère, l'enfant réagit au même âge à cet événement familial par une identification à la petite fille disparue (sa tante). Le récit familial entrepris en présence de l'enfant permettra la levée immédiate du symptôme.

L'ÂGE OÙ NOS PARENTS ONT PERDU LEURS PARENTS

L'âge auxquels parvenaient nos parents au moment du décès de nos grands-parents est particulièrement significatif.

Lorsque nous y parvenons nous-mêmes, nous devrions nous montrer vigilants.

Je pense à cette jeune femme qui vient de se séparer de son compagnon : elle avait été reçue par la famille du jeune homme et souhaitait vivement se fiancer avec lui. Elle se montre inconsolable tant elle éprouvait des sentiments sincères et profonds pour lui. Les deux amoureux habitant dans des villes différentes, leur histoire d'amour n'a pu parvenir à son terme. Ce chagrin, peut-être disproportionné par rapport à la situation, laisse penser que des éléments inconscients entrent en jeu. Un éclairage nouveau nous est apporté lorsque, après avoir été interrogée sur l'histoire de sa famille, la consultante précise qu'elle a l'âge qu'avait son père au moment du décès de sa propre mère (la grand-mère maternelle de la consultante).

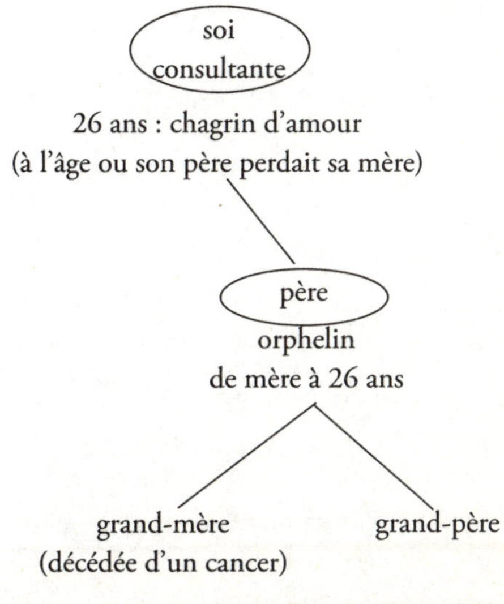

36. CHAGRIN D'AMOUR À L'ÂGE OÙ LE PÈRE PERDAIT SA MÈRE

La perte subie par le père une génération auparavant est centrale. En effet, pour un homme, le décès prématuré de la mère est un événement dramatique.

Sa fille connaît donc une perte affective de première importance lorsqu'elle parvient au même âge, montrant par là que le deuil initial n'est pas fait.

Voyons un autre exemple : il s'agit cette fois d'une consultante qui connaît de très sérieux problèmes financiers. Pour la première fois de sa vie, elle est mise en interdit bancaire après avoir fait des dépenses inconsidérées (dont elle n'était pas véritablement consciente) qui ont placé son compte dans le rouge, largement à découvert.

Âgée de vingt-huit ans, elle atteignait, elle aussi, l'âge de son père au moment où celui-ci perdait sa mère une génération auparavant.

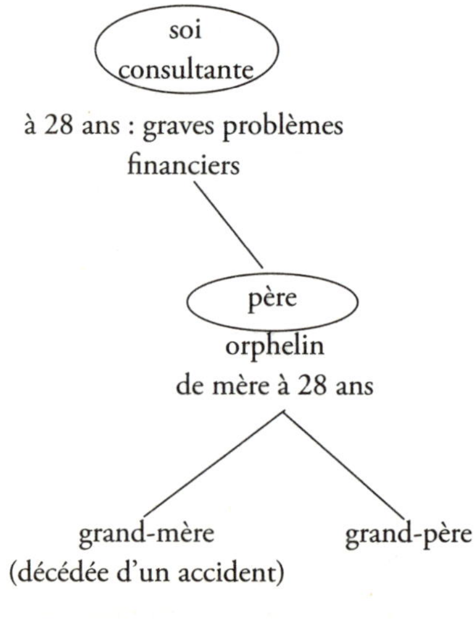

37. GRAVES PROBLÈMES FINANCIERS À L'ÂGE OÙ LE PÈRE PERDAIT SA MÈRE

Nous pouvons remarquer l'analogie entre la disparition de la figure maternelle (habituellement pourvoyeuse de vie et de prospérité) et le début de graves ennuis financiers à la génération suivante.

Le troisième cas concerne une consultante qui, comme les deux autres, parvient à l'âge qu'avait son père au moment du décès de sa propre mère, soit trente-quatre ans.

La consultante traverse alors la période la plus sombre de sa vie. Sans cause apparente et en quelques semaines, elle est victime d'une dépression sévère et doit prendre des anxiolytiques afin de faire face à ses obligations professionnelles.

La survenue de tels symptômes fait songer à la manifestation de contenus généalogiques précis. Nous avons immédiatement fait le lien entre les sentiments dépressifs et le fait

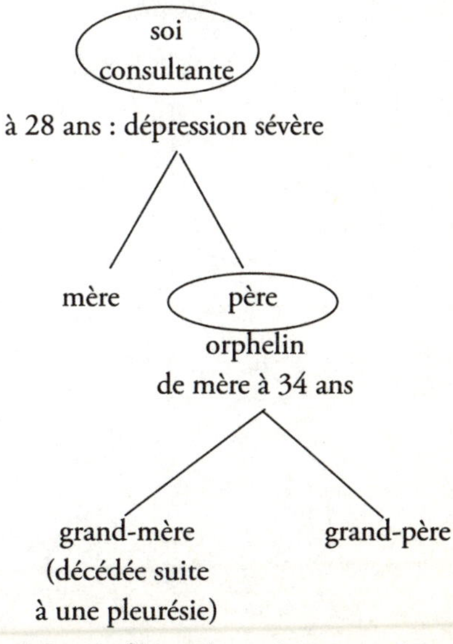

38. DÉPRESSION SÉVÈRE À L'ÂGE OÙ LE PÈRE PERDAIT SA MÈRE

qu'à la génération précédente et au même âge son père avait perdu sa mère. Très introverti, celui-ci n'y faisait jamais référence, ayant refoulé son chagrin et son désespoir.

Cependant, ce qui est refoulé se manifeste tôt ou tard, car si le père avait pu faire le deuil de sa mère, on n'aurait point constaté de troubles à la génération suivante.

Dans un dernier cas, il s'agit d'une adolescente qui, parvenue à l'âge de douze ans, présente des problèmes de comportement en famille.

Dès cet âge elle ne souhaite plus adresser la parole à son père et agit comme si celui-ci n'existait plus. En regardant l'arbre généalogique du père, nous constatons que *douze ans*

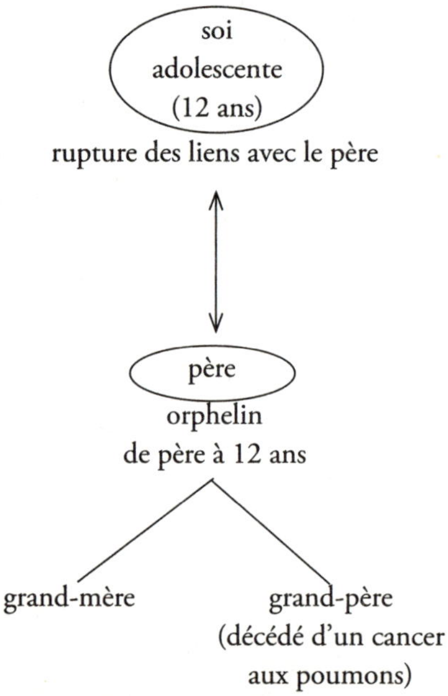

39. RUPTURE DES LIENS À L'ÂGE OÙ LE PÈRE PERDAIT SON PÈRE

est précisément l'âge du père au moment où il perd lui-même son père (le grand-père paternel de la jeune fille), une génération plus tôt.

Dans l'inconscient familial était donc inscrite l'empreinte selon laquelle, lorsque l'on parvient à l'âge de douze ans, le père disparaît. À la génération suivante, la fillette agit comme si son père n'existait plus à ses yeux.

Dans ce cas, le père n'est pas mort, mais il cesse d'exister pour son enfant.

Sa présence est même redoutée tant elle pourrait symboliser un retour du mort (c'est-à-dire un Fantôme familial).

Autres âges marqueurs

D'autres âges marqueurs sont à prendre en compte notamment celui où nos parents ou nos grands-parents ont pu perdre leur conjoint (que celui-ci soit l'unique, le premier ou le second, voire le troisième…).

Le deuil du mari ou de l'épouse réactive la disparition du père et/ou de la mère, (de même que leur absence physique ou morale durant l'enfance).

L'autre âge marqueur important est celui auquel parviennent nos enfants lorsque nous-mêmes avons été endeuillés.

Dans tous les cas, la connaissance du temps généalogique permettra d'en anticiper les effets et/ou de les comprendre à temps s'ils venaient à s'installer.

Éléments du passé revivifiés à la faveur d'un décès familial

Certains éléments du passé semblent être revivifiés à la faveur d'un décès familial. Voyons en un exemple.

Il s'agit d'un consultant dont le grand-père paternel venait de mourir. Dans les semaines qui suivirent, le consultant commença sa carrière professionnelle, il avait réussi un concours d'entrée à la SNCF.

Or, le frère de son grand-père disparu était mort prématurément dans un accident de chemin de fer. Mécanicien, il travaillait pour la même entreprise.

Cette coïncidence significative nous fait penser que la disparition d'une personne semble redonner symbolique-

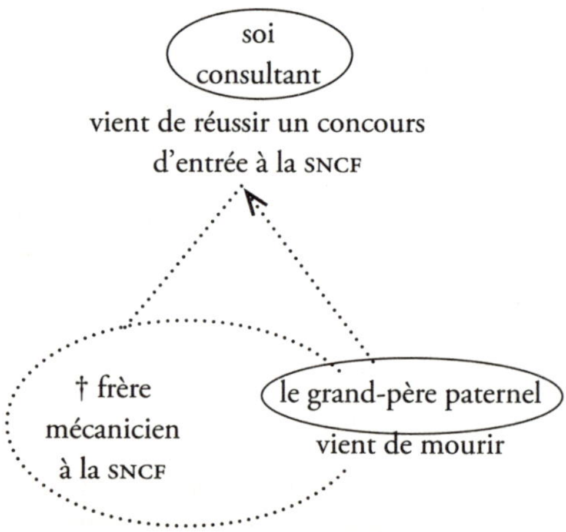

40. Éléments du passé revivifiés à la faveur d'un décès familial

ment vie à ses frères et sœurs lorsque ceux-ci avaient disparu depuis fort longtemps. Un phénomène de balance semble se produire alors. Dans la situation initiale, le grand-père reste vivant alors que son frère meurt, mais lorsque le grand-père meurt, des éléments inhérents à la vie du frère *semblent vouloir reprendre vie.*

Comme dans notre exemple où ces éléments sont aussitôt revivifiés via un membre de la parenté.

Mieux vaut éviter les dates anniversaires de décès et celles des enterrements

Pour des événements personnels mineurs et davantage encore pour des événements d'importance, on évitera de choisir les dates de décès et d'enterrement des membres de la parenté.

On recensera ces dates sur un simple tableau à l'image de celui que nous vous proposons ci-dessous.

Ces journées, différentes pour chacun et chacune d'entre nous en fonction de l'histoire familiale, seront à éviter. Les contrats d'affaires et de mariage, les déplacements importants, les débuts d'entreprises professionnelles ou encore les achats de maison ne sauraient être conclus à ces dates.

Échecs, contretemps, pertes d'argent et situations étranges, insaisissables et complexes pourraient en résulter, pour deux raisons au moins : la première est qu'en l'absence d'enquête

	père	mère	gd-père maternel	gd-père paternel	gd-mère maternelle	gd-père maternel
date de décès	15-10-1925	19-04-1930	20-05-1910	06-02-1905	10-03-1915	14-10-1901
date de l'enterrement	19-10-1925	21-04-1930	14-06-1910 mort à l'étranger	08-02-1905	15-03-1915	20-10-1901

41. RECENSER LES DATES DE DÉCÈS ET LES DATES D'ENTERREMENTS DES MEMBRES DE LA PARENTÉ (EXEMPLE)

généalogique très précise, personne ne sait ce que le passé recèle – la plupart du temps *il demeure empli de secrets et de zones d'ombre* – ; la seconde raison est que, les dates de décès et d'enterrement *symbolisant l'accès à un monde désincarné*, on peut s'attendre ces jours-là à une dissolution des événements plutôt qu'à leur structuration.

LA RÉPÉTITION DES DATES DES DÉCÈS ET DES ENTERREMENTS

Nous venons d'expliquer que ces phénomènes répétitifs peuvent être évités si nous sommes attentifs dans le choix des décisions que nous prenons concernant notre avenir.

Dès lors, la répétition ne saurait être volontaire et consciente.

Elle ne pourrait être alors qu'involontaire et inconsciente.

C'est le cas lorsque l'on naît à la date correspondant au décès d'un parent. Il s'agit d'une coïncidence significative voulue par l'inconscient familial.

C'est la preuve formelle que l'arbre généalogique cherche à redonner vie à la personne disparue, sans quoi son descendant ne naîtrait pas à la date précise de son décès.

Dès lors, le descendant a pour mission cachée de continuer les trajectoires de son parent, que ce soit sur les plans professionnel ou sentimental (ou les deux).

Si l'on se trouve dans cette situation, on enquêtera très profondément sur ce qu'a été la vie de ce parent. On pourra ainsi éviter une identification involontaire qui pourrait être contraire à ses désirs et objectifs personnels.

Dans l'exemple suivant, il s'agit d'un consultant qui est né à la date anniversaire de décès de son grand-père paternel. Ce dernier est mort prématurément à l'âge de trente ans des suites d'une maladie pulmonaire.

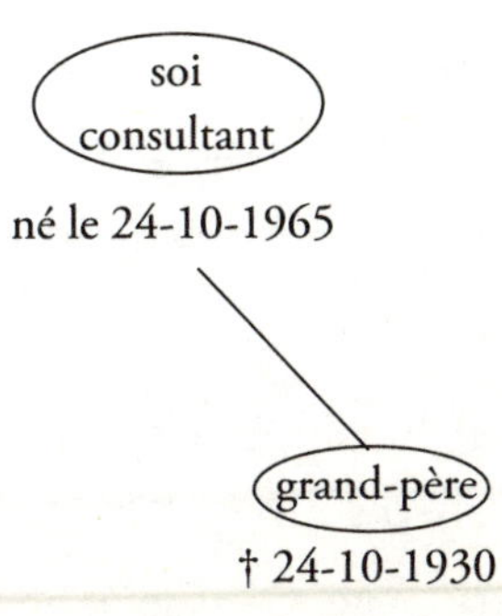

42. NAISSANCE À LA DATE ANNIVERSAIRE DU DÉCÈS DU GRAND-PÈRE PATERNEL

On peut donc penser que cette date ne relève point du hasard et que ce petit-fils est né précisément à cette date pour remédier à une existence qui n'est pas allée à son terme.

Précisons ici que naître à la date anniversaire de décès d'un parent ou aïeul relève du même processus.

Quand la disparition des parents et aïeux libère la descendance

Il existe des cas où la disparition de la parenté libère véritablement la descendance de programmes généalogiques antérieurs négatifs.

Nous savons que, dans bien des cas, la famille d'origine est loin d'être inconditionnellement favorable à la vie. Souvent les parents et aïeux ont été non pas l'instrument de la réussite (sentimentale, matérielle et professionnelle) mais au contraire la raison même des échecs subis.

Les interdits qui émanent des figures parentales sont particulièrement puissants.

Ainsi de très nombreuses personnes n'ont pu pleinement s'épanouir en raison des attitudes restrictives de leur famille.

Combien de vocations contrariées en raison de préjugés de classe : « Ce n'est pas un métier pour toi », « Tu ne réussiras pas dans cette voie », « Cela ne te mènera à rien » et de préjugés quant à la vie sentimentale : « Cette personne n'est pas faite pour toi », « Vous n'êtes pas issus du même milieu », « Si tu pars avec (elle ou lui) tu vas gâcher ta vie et ta carrière », « Si tu t'engages avec cette personne, tu nous feras honte »…

Les renoncements qui nous ont été imposés implicitement ou explicitement par notre parenté et notre milieu social sont dangereux pour deux raisons :

1. Parce que ces renoncements contraignent à abandonner un besoin, désir ou choix personnel, qui était authentique et dont la satisfaction était absolument nécessaire pour la croissance personnelle.

Voyons un exemple : il s'agit d'un consultant dont la seule passion et la vocation principale concernent la musique. Ce domaine seul l'intéresse vraiment et depuis son enfance il n'a qu'un seul désir : devenir musicien. Lorsqu'il joue, il est pleinement heureux. Mais voilà que, lorsque l'enfant a la possibilité d'entrer au Conservatoire de Musique de la ville où réside la famille, les enfants, qui appartiennent à un milieu peu tourné vers les arts, affirment à leur fils : « Cela ne te servira à rien, cela ne te mènera à rien, ce n'est pas un métier… » Découragé le jeune garçon abandonne son projet.

De fait, il vient de renoncer non seulement à un désir personnel mais à une nécessité profonde de son être. Passé à côté de l'élément central de sa vie, il va progressivement se déprimer, n'ayant pu acquérir les aspects techniques qui étaient indispensables au développement de sa vocation.

Plus tard, son père l'inscrit dans un établissement de manutention électrique (domaine qui n'intéresse pas du tout le jeune homme), puis trouve à ce dernier une place de petit employé auprès le la mairie.

Dans cet exemple, nous voyons également *comment les interdits parentaux visent à maintenir la descendance dans une logique de classe.*

2. Parce que les renoncements peuvent également concerner un désir et/ou un idéal transitoire *que l'interdit parental a définitivement fixé.* Si le parent n'avait rien interdit, les désirs auraient pu être davantage élaborés dans le temps, ils auraient pu être dépassés pour faire place à des choix plus personnels.

Voyons un exemple à ce sujet : Un jeune homme est sincèrement amoureux, il envisage de se marier. Comme ses parents le trouvent trop jeune (il n'a pas terminé ses études de médecine) ils lui demandent expressément de renoncer à son idylle qui, disent-ils, « l'empêche de se concentrer et de travailler convenablement pour réussir ses examens ».

Dépendant financièrement de ses géniteurs, le jeune homme accepte de renoncer à sa liaison. Ce renoncement majeur va fixer la relation au niveau inconscient, la nostalgie – inconsciente elle aussi – va déployer plus tard tous ses effets.

Plus tard, marié avec une autre femme, le jeune homme devenu mature ne se sent pas pleinement heureux en ménage. Ce sentiment d'incomplétude est dû au fait que les parents ont interrompu quelques années auparavant un cheminement amoureux de première importance. Si les parents ne s'y étaient pas opposés, peut-être le jeune homme aurait-il rompu sa relation de lui-même au bout d'un certain temps, passant naturellement à une relation plus appropriée.

Mais c'est parce qu'ils s'y sont opposés que le désir de leur fils est définitivement fixé à un certain stade de son développement.

Tôt ou tard, ce désir demandera à être assouvi, en général lorsque les circonstances s'y prêteront le moins : en entretenant par exemple une liaison avec une jeune femme qui lui rappellera son premier amour (par le prénom, la couleur des cheveux, ou l'expression du visage) alors que l'épouse aura besoin de lui ou se trouvera enceinte à ce moment-là.

Dans les deux cas précédemment cités, les parents et aïeux induisent une destinée contraire et seule leur disparition peut libérer de façon immédiate une descendance pour le moins malheureuse.

Voyons un autre exemple. Il s'agit d'une jeune femme dont la grand-mère maternelle, très âgée, vient de décéder.

Elle avait éduqué sa fille (c'est-à-dire la mère de la consultante) de manière très stricte en faisant preuve de beaucoup d'autorité. Il s'agissait en réalité d'une mère dominante, intervenant sans cesse dans la vie de ses enfants, se montrant volubile, indiscrète et inquisitrice. Cette attitude avait poussé sa fille vers un mariage malheureux, le conjoint choisi ayant les mêmes traits de caractère que la mère, c'est-à-dire une personnalité exigeante et un caractère difficile.

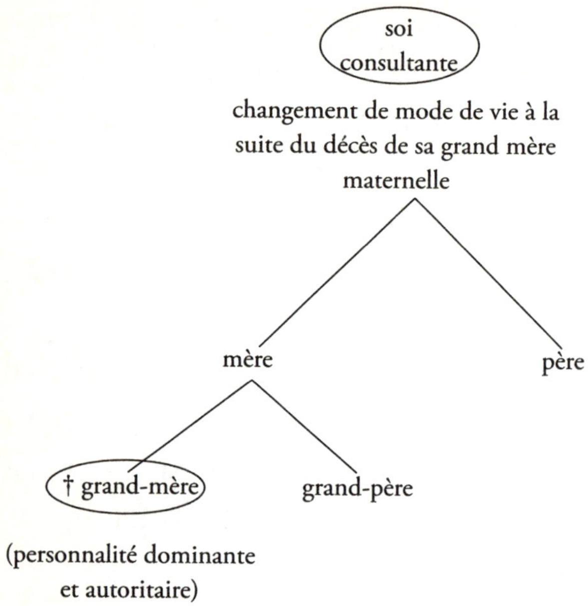

43. CHANGEMENT DE MODE DE VIE À LA SUITE DU DÉCÈS DE LA GRAND-MÈRE MATERNELLE

Par la suite, celle-ci avait réitéré avec sa propre fille le même modèle de relation, imitant sa propre mère dans ses comportements les plus odieux.

Lorsque la grand-mère maternelle vint à disparaître, la situation changea totalement. Sa petite-fille, c'est-à-dire la consultante, mariée elle aussi à un homme difficile et exigeant, rencontra en quelques semaines un homme libre du même âge, se montrant disponible, heureux de vivre, aimant les plaisirs de la vie et les voyages, enfin un homme avec lequel elle se trouvait en harmonie.

Il s'imposa dans sa vie sans même qu'elle ait eu à rechercher un nouveau compagnon ; ce qui frappe dans cet exemple, c'est la facilité, l'immédiateté et l'évidence de ce changement lorsque l'hypothèque négative est levée – ici la mort de la grand-mère –, il n'est pas nécessaire de chercher ni de lutter pour obtenir ce qui nous convient tant cela semble s'imposer à soi tout naturellement.

L'attitude de la mère de la consultante changea elle aussi de manière positive et spectaculaire : *pour la première fois*, elle montra de la compassion et de la compréhension à l'égard de sa fille et lui proposa de l'aider très concrètement pour redresser sa situation financière.

Dans ce cas précis, la disparition de la grand-mère semble devoir autoriser un changement majeur pour la génération de ses petits-enfants. Si deux générations paraissent avoir été partiellement sacrifiées, *il semblerait donc qu'il existe une possible libération pour tous* et ce, dès la disparition de la figure parentale dominante.

Un autre exemple illustrera notre thèse : il s'agit d'une jeune femme qui, pour la première fois, (et alors qu'elle est déjà mariée), va tomber profondément amoureuse d'un nouveau compagnon dans les jours qui suivent la disparition de son père. Celui-ci, un homme charmant, entretenait une relation fusionnelle avec sa fille. Il était « l'homme fort » de sa vie. Médecin de profession, il bénéficiait d'une aura telle que sa fille avait épousé un médecin, *c'est-à-dire un homme qui, par bien des aspects, ressemblait à son père*. Le décès de ce dernier allait conduire à son divorce : le père disparu, la relation au mari devenait caduque.

Un nouvel archétype masculin pouvait alors apparaître dans son existence.

Mais il faut comprendre que les parents et aïeux qui se sont montrés injustes et dont les attitudes et les décisions ont arbitrairement imposé un destin contraire à leurs descendants ne sont qu'en partie responsables.

Bien souvent, ils sont eux-mêmes dépendants de la culture de leur milieu d'origine et de ses préjugés, du contexte historique ainsi que des aléas de leurs propres trajectoires personnelles. Leurs comportements eux-mêmes s'expliquent parfaitement à la lumière de l'histoire des générations précédentes. D'autre part, nous savons bien que la *compulsion de répétition* est effective dans bien des arbres généalogiques. On répète les comportements et les choix de vie antérieurs même s'ils conduisent au malheur.

On répète ces choix, non seulement parce qu'ils sont les seuls modèles à disposition mais aussi parce que l'on en méconnaît l'origine et que l'on n'a pas réfléchi aux conséquences qui peuvent en découler.

Lorsque dix années se sont écoulées

Il est particulièrement intéressant de regarder ce qui nous arrive, dans notre vie personnelle, dix années après un décès familial.

Lorsque dix années se sont écoulées, deux types d'événements peuvent survenir :

1. Les effets de la perte se manifestent alors, il peut même s'agir d'une remise en scène de l'événement familial.

2. La perte trouve une compensation (affective et/ou financière)

Voyons un exemple pour chacune de ces deux situations :

Dans la première situation, il s'agit d'une dame qui a eu un grave accident alors qu'elle entreprenait un voyage touristique : le bus qui l'acheminait s'est renversé dans un ravin, entraînant des dizaines de blessées et quelques morts.

Notre consultante, grièvement blessée, frôle la mort de près.

Or, cet accident survient dix ans exactement après la date d'enterrement de sa mère 10/04/1979 – 10/04/1989.

Celle-ci était très jeune lorsque son mari était mort au front en 1940.

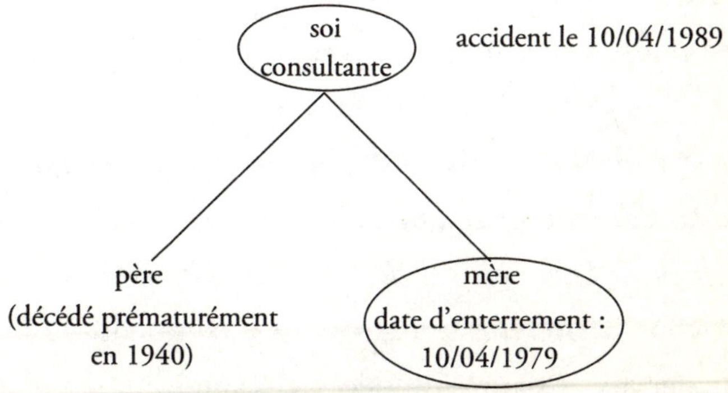

44. ACCIDENT DIX ANS APRÈS LA DATE D'ENTERREMENT DE LA MÈRE

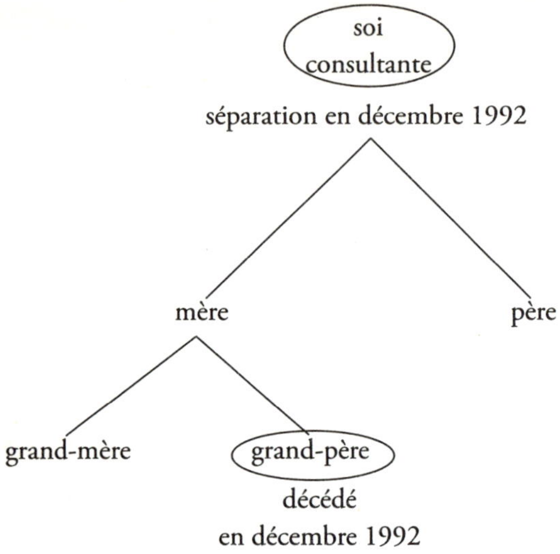

45. SÉPARATION AFFECTIVE DIX ANS APRÈS LA DATE DE DÉCÈS DU GRAND-PÈRE MATERNEL

L'accident de leur fille n'est pas sans faire penser à un petit bataillon qui aurait été décimé dans une tranchée.

Prenons un autre exemple : il concerne une jeune femme dont le grand-père maternel est décédé en décembre 1982. Dix ans plus tard exactement, soit en décembre 1992, elle se séparait d'un homme plus âgé (qu'elle avait initialement choisi pour sa ressemblance avec ce grand-père).

Dans un premier temps, le choix de ce partenaire montrait un attachement inconscient à la figure du grand-père qui avait été dominant durant son enfance. Dans le second temps, il s'agit d'un détachement favorable car devenu nécessaire à ce moment-là.

Voyons à présent le cas où une compensation semble s'installer dix ans après un décès. Il s'agit d'un jeune homme dont la mère était décédée en automne 1990.

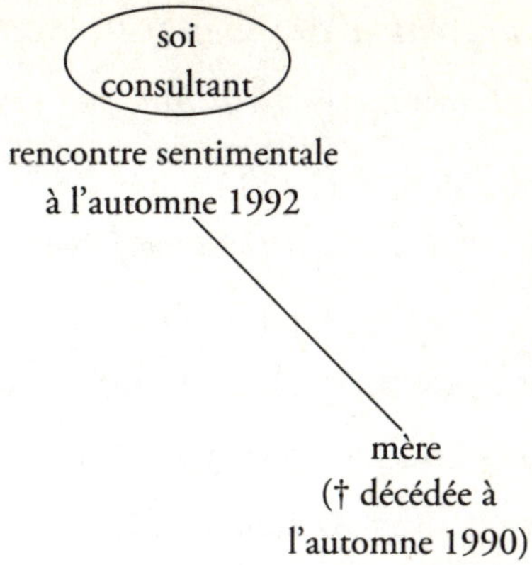

46. RENCONTRE SENTIMENTALE DIX ANS APRÈS LE DÉCÈS DE LA MÈRE

À l'automne 2000, il rencontrait la jeune femme qui allait devenir son épouse.

Dans cet exemple, il s'agit d'une compensation positive à la perte de la mère dix ans auparavant : l'épouse apporte présence, affection et un total changement de vie.

Cycles de résolution des problématiques familiales et émergence du Moi

On notera l'émergence de situations spécifiques lorsque vingt ans (deux fois dix ans) se sont écoulés depuis le décès et /ou l'enterrement d'un parent (père, mère, l'un des grands-parents, ou une autre figure parentale de première importance).

C'est le moment de se soustraire aux dysfonctionnements généalogiques qui nous contraignaient à vivre jusqu'alors des situations qui ne nous convenaient pas.

Si l'on parvient à considérer cette situation négative avec détachement (comme une illusion, car c'est ce qu'elle est en réalité, étant donné que le parent est mort), alors le programme généalogique s'épuise de lui-même pour faire place au véritable moi.

Pourront apparaître alors de nouvelles situations structurantes et constructives, positives, conformes à nos désirs les profonds et les plus authentiques.

Troisième partie

Les Fantômes du Roman Familial

9.

Un exemple de Roman Familial – seconde partie

Pour aborder le thème des Fantômes familiaux, et avant de proposer une théorie à leur sujet, suivons dans ce chapitre le déroulement du Roman Familial qui nous a servi d'exemple dans la première partie [1]. On se rappellera que le père de Mary Higgins Clarck a trouvé la mort dans son sommeil alors qu'il avait cinquante-quatre ans et que ses enfants étaient adolescents.

C'est un fait que sa mort constituait un secret, aucun membre de la famille ne pouvant dire avec précision comment et en raison de quoi sa vie s'était arrêtée.

Fragilisé par ces incertitudes, son fils aîné tombait malade et devait mourir lui-même dans les années suivantes.

Ce qui allait survenir par la suite est réellement surprenant. Pourtant chacun pourra en vérifier la chronologie et l'authenticité en lisant les mémoires de ce célèbre auteur de romans à suspense.

---

1. Mary Higgins Clarck, *Entre hier et demain. Mémoires*, traduction française, Paris, Éditions Albin Michel, 2003.

La modification de la trajectoire personnelle à la suite du décès du frère aîné

Après le décès de son frère aîné et alors qu'elle aurait pu obtenir une aide financière de l'État pour entrer à l'université, Mary accepte une bourse partielle offerte par la Wood Secretarial School.

Comme des millions d'autres Américaines, elle acquiert ainsi une bonne connaissance du secrétariat.

Elle précise alors : « Ce deuil ne fut pas étranger à ma décision d'entrer dans une école de secrétariat plutôt que de m'inscrire à l'université. Je voulais devenir adulte. Gagner ma vie. Me marier jeune et avoir des enfants. »

Comme Mary Higgins Clarck le suggère elle-même, un décès dans la parenté provoque également un changement dans l'existence des proches.

Les trajectoires personnelles en sont profondément modifiées.

Si l'on se trouve dans ce cas, on analysera attentivement en quoi le décès a pu faire dévier le cours normal des événements de la vie.

Rapidement Mary est engagée chez Remington Rand, le fabricant de machines de bureau qui possède sa propre agence de publicité intégrée.

Elle devient secrétaire du directeur de création et se plaît dans ce premier emploi. De fait, elle y apprend beaucoup en assistant à toutes les réunions de création, véritables cours de publicité et de promotion des ventes. « J'appris pourquoi une campagne avait du succès et une autre moins, pourquoi on se souvenait d'un slogan et pas d'un autre, pourquoi cette légende-ci tombait à plat alors que celle-là faisait vendre des milliers de machines à écrire ou à calculer » confie-t-elle.

Les mois passant, la société l'autorise à rédiger de petits textes de catalogues.

On remarquera que les circonstances (ou l'inconscient) l'ont dirigée vers un emploi qui n'est pas sans relation avec sa vocation d'écrivain !

Durant cette période, Mary fait de nouvelles tentatives d'écriture et envoie ses nouvelles aux magazines féminins à gros tirage. Sans succès.

Une amie hôtesse de l'air lui donne envie de tenter sa chance et elle fait acte de candidature auprès des bureaux de la Pan Am à l'aéroport de La Guardia.

Elle vient de fêter ses vingt et un ans lorsqu'elle est engagée.

L'âge du père au moment de son immigration. Il avait vingt et un ans au moment de la traversée de l'Atlantique. La Pan Am avait trois divisions : l'Atlantique, le Pacifique et l'Amérique du Sud. Elle allait être effectivement affectée à la division Atlantique. Curieusement, les rares souvenirs avec son père qu'elle cite dans ses mémoires concernent l'aviation[2].

---

2. Mary HIGGINS CLARCK, *Entre hier et demain. Mémoires*, traduction française, Paris, Éditions Albin Michel, 2003, pages 32 et 33.

Pour ses adieux à Remington, la société où elle travaillait jusqu'alors, elle est invitée à dîner par le directeur et son épouse. Elle demande à Warren Clarck, le fils de ses anciens voisins, de bien vouloir l'accompagner. Celui-ci, de neuf ans plus âgé, se montre peu empressé, mais accepte tout de même.

« Qui aurait l'idée saugrenue d'épouser ta sœur ? »

Si, depuis des années, Mary est secrètement amoureuse de lui, la réciproque n'est pas vraie. Warren Clarck fréquente d'autres jeunes femmes et, quelques années auparavant, il avait dit en riant à John, le jeune frère de Mary : « Qui aurait l'idée saugrenue d'épouser ta sœur ? »

Après le repas, il lui propose pourtant d'aller prendre un dernier verre.

Pendant qu'elle écoute le chansonnier qui assure un spectacle dans la salle, Warren écrit des noms sur la nappe en papier. « Ce sont les gens que j'inviterais au mariage. Amuse-toi en avion pendant un an. Ne joue pas les saintes-nitouches. Tu sais très bien que nous allons nous marier. »

Si Warren Clarck semble prendre de façon inopinée la décision de se marier, c'est aussi parce qu'il a perdu son père dans les mois précédents et que son jeune frère vient lui-même de se fiancer.

Nous constatons comment les événements familiaux antérieurs (et notamment les pertes) précipitent les désirs d'alliance dans les semaines ou les mois qui suivent.

Il est significatif que Warren se déclare auprès de Mary alors que son père vient de mourir, faisant ainsi écho à la mort du père de Mary.

Des éléments généalogiques communs encouragent de manière inconsciente la relation sentimentale.

Remplacer un membre de la famille décédé en choisissant un époux fait courir le risque de rajouter un problème supplémentaire.

Trois semaines après que son jeune frère s'est marié, le 19 juillet 1949 exactement, Warren annonce ses fiançailles avec Mary. Ce même jour il fête aussi ses trente ans.

On remarquera donc que l'annonce des fiançailles se produit le jour anniversaire de naissance du fiancé.

Pourtant, commémoration de la naissance et fiançailles étant distincts par nature, ils ne sauraient être confondus. Ils devraient être différenciés dans le temps. Leur confusion annonce des difficultés à venir.

La bague de fiançailles avait été choisie la veille du mariage du frère de Warren. On ne saurait être plus explicite quant aux attachements inconscients.

Le proche mariage de Mary l'oblige à renoncer à la poursuite de sa carrière, car à l'époque les hôtesses de l'air doivent être célibataires.

Mary et Warren unissent leurs destins le 26 décembre 1949 non loin de la date anniversaire de la naissance de Mary (rappelons qu'elle est née le 24 décembre 1927).

Nous considérons qu'il existe une coïncidence de dates entre celle de la naissance et celle du mariage, étant donné que les dates de mariage sont généralement fixées par les autorités ecclésiastiques en fonction de leur disponibilité (le plus souvent en fin de semaine). Aussi un écart de un ou deux jours dans la comparaison de dates est-il accepté en ce cas, car il s'agit de Noël.

À la cérémonie, Mary a vingt-deux minutes de retard. L'organiste étant aveugle, il fait jouer la marche nuptiale au moment où la future belle-mère de Mary, c'est-à-dire la mère de Warren, s'engage dans l'allée centrale. Une seconde marche nuptiale retentit alors que cette fois-ci c'est la propre mère de Mary qui parcourt la même allée centrale ! Si bien que Warren accueille sa future femme à l'autel par ces mots : « Qu'est-ce que tu fabriquais ? »

Leur mariage va durer quatorze ans et neuf mois.

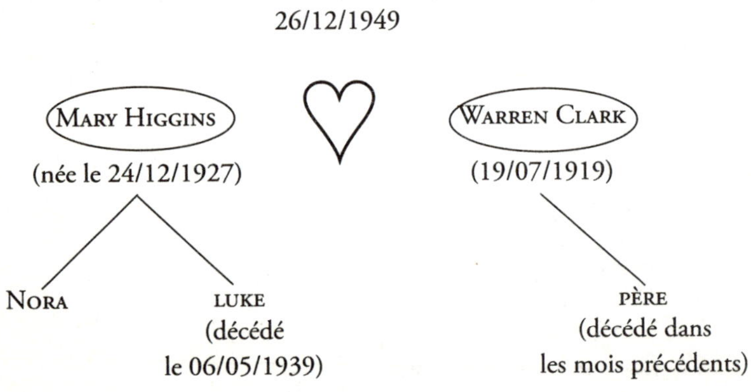

47. UNION DE MARY HIGGINS ET WARREN CLARK

Les parents de Mary sont restés mariés quatorze ans eux aussi avant que le père de Mary ne meurre. Cet exemple fait de nouveau la preuve que la durée de la relation parentale demeure inscrite dans l'inconscient familial, les descendants la répètent à l'identique.

Mary décrit son mari comme beau, intelligent, généreux et drôle. Il est agent commercial pour American President Lines, une prestigieuse compagnie de navigation. Après leur voyage de noces, elle s'inscrit immédiatement à un atelier d'écriture au sein de l'université de New York.

Nourrir sa vocation

Elle est consciente qu'elle possède une vocation, et qu'elle doit tout mettre en œuvre pour la réaliser.

William Byron Mowery, le professeur qui dirige l'atelier d'écriture, la met sur la voie qu'elle a toujours cherchée et lui donne de précieux conseils.

Il lui apprend à écrire des nouvelles pour les revues et les magazines.

Bientôt, Mary se lie d'amitié avec certains des étudiants de sa classe.

En marge des ateliers dirigés par leur professeur, le groupe se réunit de façon informelle une fois par semaine et chacun peut alors présenter ses propres textes. Ces textes sont commentés par un auditoire attentif dans un souci de constance amélioration. Durant la même période, Mary devient enceinte de son premier enfant.

Les événements synchrones avec la grossesse portent en eux-mêmes des développements futurs. On pouvait ainsi légitimement penser que ses nouvelles allaient être publiées tôt ou tard.

Ce sera une fille, Marylin. Puis Warren Francis Clark Junior naît treize mois après sa sœur. Deux ans plus tard, naissait un troisième enfant, David.

Mary adresse ses nouvelles aux différents éditeurs. Son expérience en tant qu'hôtesse de l'air lui donne matière à écrire plusieurs nouvelles. *Le passager clandestin, Vol de routine, Million-Mile Stewardess, Captain Dear…*

Bien que toutes lui soient refusées, certains éditeurs suggèrent à Mary de les contacter à nouveau pour d'autres récits.

Dans la même période, elle et son époux recherchent une nouvelle maison et finissent par s'installer à Washington Township où vivent Allan, le frère de Warren et son épouse.

Une nouvelle fois, nous constatons que les désirs incestueux encouragent à se rapprocher physiquement des membres de la fratrie ou de la parenté.

Bien qu'il existe des dizaines d'endroits où il soit possible de vivre, celui qui plaît davantage sera à l'évidence celui où réside le frère.

Ce mouvement de rapprochement illustre bien l'intensification des liens fraternels après le décès du père. Cependant, c'est le signe que le deuil de celui-ci ne se fait pas ; nous allons constater que cet « inceste géographique » entre les deux frères aura de funestes conséquences.

Mary est enceinte de sept mois car elle attend son quatrième enfant lorsqu'elle reçoit la première réponse positive de la part d'un magazine. *Extension Magazine* lui offre alors cent dollars pour sa nouvelle intitulée *Le passager clandestin.*

Elle précise alors : « J'ai signé des contrats plutôt mirifiques au cours de ma carrière, mais jamais, jamais, je n'ai été autant transportée de joie qu'en apprenant que je venais de vendre cette première nouvelle. La lettre d'acceptation est toujours restée encadrée dans mon bureau. »

Le personnage principal de cette nouvelle s'appelait Carol.

Mary allait attribuer ce prénom à sa deuxième fille et quatrième enfant dont elle venait d'accoucher.

Carol Higgins Clarck est la seule à être devenue auteur de romans policiers à succès à son tour. Nous constatons une nouvelle fois l'importance du prénom.

Celui-ci semble décider d'une orientation future et c'est la raison pour laquelle en connaître l'origine précise demeure fondamental.

Les nouvelles de Mary sont désormais publiées avec régularité. *Extension Magazine* achète *Vol de routine* et elle collabore avec d'autres magazines régionaux de moindre importance. Une amie lui parle alors d'un jeune agent littéraire, Patricia Schartle Myrer, qui deviendra bientôt l'agent de Mary.

Le cinquième et dernier enfant du couple est une fille qui sera prénommée Patricia en l'honneur de celle-ci. Durant les deux années qui suivent, Mary connaît un certain succès.

The Saturday Evening Post élit l'une de ses nouvelles intitulée *Beauty Contest at Buckingham Palace* parmi les dix meilleures de l'année.

Petit à petit le marché de la nouvelle tend à se réduire au sein des pages des magazines. Les courts récits que Mary a tant de plaisir à écrire seront bientôt remplacés par des articles pratiques et des conseils aux ménagères.

Warren a changé d'employeur et travaille à présent pour la compagnie Northwest Orient Airlines. Bien qu'encore jeune, il se fatigue vite.

À l'aube de la quarantaine, il commence à ressentir des douleurs dans la poitrine qui – il ne le sait pas encore – sont provoquées par une angine de poitrine déjà avancée.

La répétition du passé et le fantôme du père

Warren a une crise cardiaque en 1962 et doit être immédiatement hospitalisé.

Une répétition de la scène originelle s'annonce, à savoir un père qui meurt prématurément, laissant sa jeune veuve et des enfants en bas âge.

Cette répétition est provisoirement évitée et Warren parvient à survivre.

Il s'apprête à quitter l'hôpital, mais, pour l'inconscient familial, il s'agit d'une figure paternelle qui, au seuil de la mort, revient parmi les siens.

Précisément le soir où les médecins l'autorisent à quitter l'hôpital et à regagner son domicile, Warren et Mary reçoivent un appel téléphonique.

La troisième enfant de John, le frère de Mary, vient de se tuer en tombant du cinquième étage de leur immeuble. La petite Laura Higgins était âgée de quinze mois. John était lui-même le troisième enfant.

Pourquoi cette synchronicité ? Pour l'inconscient familial, c'est comme si le père revenait d'entre les morts. Peu après, John et sa femme Maureen se séparent.

Au mois d'août 1964, Warren a une seconde attaque. Il sort de l'hôpital le 19 septembre.

Dans la configuration familiale d'origine de Mary, le père meurt lorsque l'aîné de ses enfants a treize ans. Ce sera le cas là encore, Marilyn, l'aîné des enfants Clarck, a treize ans à cette époque.

Cette sortie de l'hôpital pouvait être de nouveau redoutée par l'inconscient familial étant donné qu'un père se soustrayait à la mort pour la seconde fois.

Sa deuxième sortie correspondra effectivement à un décès, le sien, sept jours plus tard, le 26 septembre 1964. La mère de Warren se trouvait chez eux lorsque Warren succomba à la dernière attaque. Elle s'effondra près de son lit. Lorsque le docteur arriva, ils étaient morts tous les deux.

Pour les enfants, le choc est double. D'un seul coup, ils viennent de perdre le père qu'ils adoraient et Mimi, leur grand-mère bien aimée.

Mary ajoute : « Je savais combien Warren allait manquer aux enfants.

J'avais le cœur brisé pour eux. J'imaginais tous les anniversaires, les vacances, les remises de diplômes où ils verraient d'autres enfants accompagnés de leurs pères. C'était ce que j'avais vécu. »

Après la mort de son époux, Mary doit non seulement faire face à une immense peine, au profond chagrin de ses propres enfants ainsi qu'à de nouvelles difficultés matérielles. Elle a désormais cinq enfants à nourrir, à vêtir et à éduquer (dont trois sont en bas âge) et il lui faut rapidement trouver de nouvelles sources de revenus pour faire face aux dépenses quotidiennes.

Sur les conseils d'une amie, elle accepte d'emblée de signer un contrat avec Gordon R. Tavistock, un directeur de programmes radiophoniques qui l'engage à écrire soixante-cinq émissions de cinq minutes pour *Portrait of a Patriot.*

Il s'agit d'un feuilleton radiophonique diffusé par cycle de treize semaines. « Écrire les scénarios me plaisait. J'avais pour tâche d'écrire des textes de quatre minutes en commençant par une question, puis de fournir des indices. »

Allan, le jeune frère de Warren, passe tous les soirs au domicile de sa belle-sœur pour la réconforter et faire acte de présence auprès de ses neveux et nièces.

Trois mois après le décès de son époux et de sa belle-mère, des amis proposent à Mary de les accompagner jusqu'à Washington. Ils projettent de s'y rendre en ce début d'année 1965 afin d'assister à l'investiture du président Lyndon B. Johnson [3].

« J'Y ÉTAIS »

Mary propose alors au journal local de son lieu de résidence d'écrire un article et de faire un petit reportage.

Lorsqu'elle précise qu'elle ne souhaite aucune rémunération pour cela, le rédacteur en chef accepte aussitôt. Il lui obtient un laissez-passer et, son journal *The Westwood Local* ayant certainement été confondu avec un autre quotidien plus important, elle se retrouve à une place de premier choix à la cérémonie et obtient des tickets pour plusieurs réceptions y compris pour le très convoité bal inaugural.

« C'était la première fois que j'avais l'impression d'être là où les choses se passent.

« J'y étais » fut le titre que je donnais à mon article.

« Je n'avais jamais assisté à une investiture. Les gens s'étaient tellement attendus à voir John F. Kennedy prêter

---

3. Après l'assassinat de John F. Kennedy en novembre 1963, Lyndon B. Johnson, son vice-président, assura la Présidence jusqu'aux prochaines élections de novembre 1964. Nommé à son tour candidat à la Présidence pour le parti démocrate, il remporta les élections. La cérémonie de son investiture se déroula en janvier 1965.

serment pour un deuxième mandat qu'une tristesse palpable alourdissait l'air ».

De Washington, durant ce court séjour, Mary téléphone tous les soirs à sa mère.

Celle-ci lui annonce alors que son beau-frère, Allan Clarck, âgé de quarante-trois ans, vient d'être frappé d'une très grave attaque cérébrale.

Arrêtons-nous quelques instants sur cette nouvelle de l'accident cérébral du beau-frère de Mary : l'accident coïncide avec la participation de Mary aux cérémonies de l'investiture présidentielle.

S'il existe une figure paternelle majeure, c'est bien celle du président d'un pays.

Or, prendre part aux cérémonies équivaut ici à fêter l'arrivée d'une imago paternelle de première importance. Car Mary n'était pas une simple spectatrice, elle a participé aux cérémonies de premier plan alors que son simple statut ne l'y autorisait pas et elle a témoigné activement de l'événement au plan journalistique.

Pour la seconde fois, la figure puissante d'un père était rappelée et ce, fort concrètement. Le retour d'une figure paternelle équivaut au retour du fantôme du père, événement redouté entre tous.

Aussitôt se produit en coïncidence un accident majeur mettant la vie même en jeu.

Cette fois, il s'agit d'Allan, le beau-frère de Mary. Pourquoi s'agit-il de lui ?

Rappelons-nous la configuration originelle de la famille de Mary.

Le père est mort ; en dehors de Mary, demeuraient une mère et ses deux fils.

Via sa belle-famille le mouvement inverse vient de se produire, une mère et ses deux fils viennent de décéder en quatre mois de temps.

Dans les jours qui suivent le retour de Mary de Washington, Allan Clarck décède des suites du grave accident cérébral dont il vient d'être victime.

« Nous nous retrouvâmes tous tristement réunis devant le caveau de famille du cimetière de Gate of Heaven, regardant d'un air incrédule son cercueil descendre entre ceux de sa mère et de Warren ».

Mary et June, sa jeune belle-sœur, deviennent alors inséparables tant leurs situations sont semblables. Elles sont seules désormais à devoir faire face aux nécessités de la vie et ont chacune plusieurs enfants en bas âge.

Trois mois plus tard, toutes deux se rendent en vacances, à Washington de nouveau. Après avoir refusé de loger dans un appartement insalubre indiqué par des relations (qu'elles avaient d'abord choisi pour faire des économies), elles s'installent à l'hôtel Intercontinental.

Une visite à la Maison-Blanche

Le dernier jour de leur séjour, elles visitent la Maison-Blanche.

La rénovation de la demeure présidentielle avait été entreprise par Jackie Kennedy, alors première Dame des États-Unis quatre ans auparavant.

Jackie, qui avait reçu une véritable éducation artistique durant son enfance, avait eu à cœur de décorer et de meubler les appartements, bureaux et salles de réception de la Maison-Blanche. Sur son initiative, un catalogue était paru et remis à chaque nouveau visiteur.

À la suite de cette visite et à leur grande surprise, Mary, June et leurs enfants se voient apparaître à l'écran lors des informations nationales du début de soirée.

Une manifestation située devant la Maison-Blanche avait été filmée et les membres de la famille se trouvaient en plein champ des caméras.

Une nouvelle fois, ce rapprochement d'avec la présidence et ses symboles (ici le lieu officiel et tangible du pouvoir) se déroulait de façon peu ordinaire.

Une nouvelle fois existait une preuve tangible du rapprochement de Mary et d'un symbole paternel suprême. Leur venue n'était plus anonyme.

En réaction, immédiatement, c'est-à-dire le même soir, émerge un autre événement majeur.

Quelques heures plus tard, soit au milieu de la nuit, le gong retentit dans le confortable hôtel où dormait l'ensemble de la famille. Le feu venait de se déclarer dans les étages. Mary, qui dormait profondément, n'entendit pas l'alarme signalant l'incendie et l'évacuation immédiate.

Alors que les flammes et la fumée se propageaient dans le corps de bâtiment et que les pompiers accédaient à tous les étages, Mary et ses enfants finirent par s'éveiller et tous se précipitèrent vers les ascenseurs.

C'est alors que l'un des fils de Mary lui fit remarquer qu'en cas d'incendie, il fallait oublier les ascenseurs et s'engager directement dans les escaliers, ce qu'ils firent immédiatement.

Ils gagnèrent le hall où ils retrouvèrent June et ses enfants. Fatigués et réveillés en plein sommeil, tous tremblaient de peur.

L'incendie fut bientôt maîtrisé. Mais les chambres une fois réintégrées, l'alarme sonna de nouveau, et tous redescendirent jusqu'au hall central par les mêmes escaliers que précédemment. Une fois que les camions de pompiers eurent quitté l'hôtel, ils purent enfin réintégrer leurs chambres respectives.

De nouveau, le fait de se rapprocher du plus haut symbole paternel de la nation allait déclencher une alerte inconsciente symbolisée ici par le déclenchement d'un incendie sur le lieu même de résidence[4].

4. Concernant le feu et les mythologies qui s'y rapportent, on consultera à ce sujet l'ouvrage de Frazer, *Mythes sur l'origine du feu*.

Après son retour de Washington, on confie à Mary plusieurs autres séries de textes radiophoniques. Produire des scripts à la chaîne l'aide à améliorer son écriture. « Lorsque vous devez raconter une histoire en quatre minutes, moins les citations du produit, vous apprenez à écrire avec concision. J'ignorais alors que je m'entraînais à devenir un auteur de romans à suspense, un genre où chaque mot doit servir à faire progresser l'action. »

Un Roman sur le père de la nation

Durant les épisodes de *Portrait of the Patriot,* un portrait de chacun des présidents était indispensable.

« J'avais délibérément remis à plus tard celui de George Washington, qui me paraissait d'un ennui mortel. Je devais néanmoins l'inclure dans la série. Je commençais donc mes recherches. Et plus je me documentais sur lui, plus je me rendais compte que je l'avais mal jugé. Washington était un personnage fascinant. »

Mary songe alors à écrire un roman mettant en scène le premier président de la nation américaine. Un roman qui partirait de son point de vue à lui.

Or il s'agit une nouvelle fois de faire revivre un symbole paternel.

Pour trouver le temps d'écrire, Mary se lève tous les jours à cinq heures du matin et travaille au manuscrit jusqu'à sept heures moins le quart, heure à laquelle elle aide ses enfants à se préparer pour l'école.

Son rythme de vie est éreintant, car, en plus du roman qui lui tient à cœur, Mary doit travailler et superviser le quotidien et les études de ses cinq enfants

Trois ans plus tard, soit en 1968, elle termine son livre sur George et Martha Washington.

Il est publié un an plus tard sous le titre *Aspire to the Heavens*. Mais la maison d'édition est vendue peu après et l'ouvrage ne bénéficie d'aucune publicité.

(Trente ans plus tard, le livre sera découvert par un descendant de George Washington et se classera dans la liste des best-sellers avec un nouveau titre *Mount Vernon Love Story*.)

Via le livre, la réapparition d'une figure paternelle décrite dans tous ses détails, celle d'un père (de la nation) entraîne, selon un schéma qui nous est désormais familier, la disparition immédiate d'un membre de la parenté.

Cette fois-ci, il s'agit de la mère de Mary.

Celle-ci allait décéder le 3 juin 1969 soit quatre mois après la publication de l'ouvrage.

L'année suivante, estimant ne pas être reconnue dans son travail et en désaccord avec Gordon R. Tavistock, son employeur principal, Mary propose sa démission

Elle s'associe alors avec deux de ses anciens collègues de travail et tous trois créent leur propre société qui sera baptisée Aerial Communication.

Après avoir rassemblé les cinq mille dollars pour les frais

d'établissement de la société, elle n'a plus d'argent. Elle doit emprunter auprès de son assurance et mettre en gage sa bague de fiançailles et des bijoux. Sans autres ressources, les trois associés sont tout à la fois rédacteurs, vendeurs, producteurs et distributeurs de diverses séries.

Le Fantôme du frère aîné

En 1974, Mary décide de reprendre ses études interrompues trente ans auparavant, et demande à l'université de Fordham de lui faire parvenir les formulaires officiels à remplir.

On se rappellera que le décès de son frère aîné avait détourné Mary de la poursuite de ses études universitaires « Ce deuil ne fut pas étranger à ma décision d'entrer dans une école de secrétariat plutôt que de m'inscrire à l'université. Je voulais devenir adulte. Gagner ma vie. Me marier jeune et avoir des enfants. »

Intégrer l'université pouvait faire réapparaître le frère aîné de manière symbolique. En effet, si son frère aîné était resté en vie, Mary aurait normalement poursuivi ses études.

Si nous reprenons cette proposition en inversant les termes, nous obtenons – Mary poursuit ses études et son frère reste en vie.

Le danger lié à la reprise des études se présente alors inconsciemment pour la parenté proche et notamment pour les frères et sœurs.

L'inconscient perçoit alors la possible réapparition du mort.

De tous les effets généalogiques, celui-ci est, à l'évidence, le plus redouté.

Il en est de même dans les sociétés traditionnelles, *le retour des fantômes* – à savoir les figures ancestrales – représente un grand danger.

Les sociétés modernes sont également concernées, comme nous venons de l'expliquer ci-dessus. En termes de santé, *deux types de troubles apparaissent généralement* : la crise cardiaque et/ou la chute mortelle.

La crise cardiaque semble être induite par une grande peur maintenue au plan inconscient.

Alors que Mary obtient sa carte d'étudiante, Connie, la seconde épouse de son frère meurt, peu après.

Un mois plus tard, l'hôpital lui téléphonait pour lui annoncer que son frère John venait de mourir à son tour.

Peu auparavant, il avait glissé sur les marches de marbre de son immeuble.

Il s'était cassé la hanche, mais ne semblait pas souffrir d'un problème de santé particulier ; l'hôpital n'avait pas décelé d'hémorragie interne.

Il venait d'avoir quarante-trois ans.

Ainsi tous les membres de la parenté sont morts : le père de Mary, la mère de Mary, son frère aîné, son frère cadet, l'enfant de celui-ci, sa seconde épouse, l'époux de Mary, sa belle-mère et son beau-frère.

Le fantôme du père a-t-il déployé tous ses effets et le destin va-t-il épargner Mary et dès lors se transformer ?

C'est ce que nous verrons dans le dernier chapitre de cet ouvrage.

11.

Le retour symbolique de la parenté décédée

Dans le chapitre précédent, nous avons constaté que le fantôme d'un parent peut apparaître à la faveur de certaines circonstances.

Dans le cas de Mary Higgins Clarck, le fantôme du père et celui de son frère aîné sont symboliquement rappelés dans les cinq séquences suivantes :

1. L'époux de Mary est hospitalisé en raison d'une attaque cardiaque sévère.

Comme le père de Mary une génération auparavant, il était en situation de mourir prématurément en laissant une veuve et plusieurs enfants.

Il est donc identifié au père de Mary.

Toutefois, lors de sa première attaque, il ne meurt pas et peut rentrer à son domicile. *Or, la difficulté se trouve là car pour la famille et l'inconscient, c'est comme si le père revenait d'entre les morts.*

Que se passe-t-il dans les mythes lorsqu'un mort semble revenir parmi les vivants, c'est-à-dire parmi les siens ? Une immense frayeur qui peut s'accompagner d'une chute et/ou d'une mort subite.

Pour la famille de Mary la conséquence sera immédiate. Le soir où Warren regagne son domicile après être sorti de l'hôpital, Laura Higgins, la nièce de Mary encore bébé, tombe de l'immeuble où résident ses parents et meurt sur le coup.

2. L'époux de Mary est hospitalisé lors d'une seconde crise cardiaque.

Son état de santé s'étant un peu amélioré, il peut de nouveau regagner son domicile.

Une nouvelle fois, l'image d'un père revient symboliquement d'entre les morts.

La conséquence est également immédiate en ce cas, car, outre Warren lui-même, c'est sa mère (et belle-mère de Mary) qui décède d'une crise cardiaque.

3. Mary participe accidentellement aux cérémonies d'investiture du Président Lyndon B. Johnson.

Se rapprocher d'une figure paternelle d'importance après la mort d'un père n'était toutefois pas sans danger. La difficulté réside ici dans le fait que Mary ait pu s'en rapprocher à ce point (bien que d'une manière involontaire).

On pourrait penser que c'est l'inconscient lui-même qui a arrangé cette possibilité tant elle paraît difficile à obtenir dans des conditions normales.

Or accéder au père, n'est-ce pas faire vivre son fantôme ?

La conséquence sera immédiate dans ce cas également, car durant ce séjour à Washington, elle apprend qu'Allan, son beau-frère, vient d'avoir une crise cardiaque qui sera mortelle.

Peu après, un incendie se déclenchera lors de son second séjour à Washington (pour une visite de la Maison-Blanche où elle a été filmée par hasard).

4. Mary écrit un ouvrage sur George Washington, le père de la nation américaine.

L'objet du livre est de faire revivre George Washington sous un éclairage attractif et novateur. *Une fois encore, la reviviscence d'une figure paternelle va avoir des conséquences malheureuses.*

Quelques semaines après la publication de l'ouvrage, la mère de Mary meurt.

5. Mary s'inscrit à l'université pour entreprendre les études qu'elle aurait souhaité poursuivre si son frère n'était pas mort.

Cependant, pour l'inconscient, reprendre les études signifiait que le frère aîné était vivant, puisque c'est ce qu'elle aurait fait s'il n'était pas mort.

S'il était vivant, cela signifiait qu'il revenait d'entre les morts.

À peine est-elle inscrite que c'est sa belle-sœur qui meurt puis son frère d'une chute mortelle.

Cet exemple nous montre qu'il faut être très prudent lorsque l'on reprend un projet initialement interrompu par le décès d'un parent ou d'un membre de la fratrie.

La notion de Fantôme

Précisons dès à présent que je ne parle en aucun cas d'un retour des ascendants sous forme spectrale auprès des membres de la famille. Bien que des phénomènes paranormaux existent certainement, mon propos est fort différent.

J'entends démontrer que la parenté, bien que décédée, est susceptible de se présenter à nouveau dans la vie des descendants et des collatéraux, non pas directement mais sous une forme analogique.

Citons ici l'anecdote selon laquelle Sigmund Freud se promenant dans une rue de Vienne tomba en arrêt devant une femme, se disant « *Mais c'est donc vrai que les morts reviennent !* » Après quelques secondes, il réalisa qu'il était devant la jumelle d'une femme qu'il avait soignée plusieurs années auparavant et qu'il savait morte depuis [5].

Le retour symbolique de la parenté décédée et ses conséquences

Pour bien comprendre ce processus, voyons un exemple issu des consultations.

Il s'agit d'une jeune femme venue consulter à propos de l'histoire de sa famille qui lui paraît n'être pas sans rapports avec sa vie sentimentale.

---

5. Cette anecdote est citée dans l'ouvrage de Michel Hanus, *Les Deuils dans la vie*, Paris, Éditions Maloine, 1994, p. 152.

Lors d'un entretien, elle me précise que son compagnon, un pilote de chasse de l'armée de l'air, présente une ressemblance physique avec son grand-oncle maternel. Ce grand-oncle, lui aussi pilote de chasse dans l'armée, avait trouvé la mort prématurément dans un accident ; il avait une vingtaine d'années.

Juxtaposées, les photos de l'aïeul et celles du conjoint offrent des ressemblances évidentes fort étonnantes.

Le fait étant constaté, je demande à la consultante d'être vigilante dans sa relation. Pour quelles raisons ?

Parce que le conjoint offre un haut pourcentage d'analogies avec un aïeul décédé, même âge, même type physique et même métier.

Il s'agit donc de la reviviscence d'une figure ancestrale et d'une possible manifestation de ce que j'ai nommé un fantôme émanant du roman familial.

Il existe un risque réel. Sans le dire à la jeune femme, je pense que la relation non seulement ne possède aucun avenir, mais peut s'avérer ultérieurement dangereuse.

Effectivement plusieurs semaines passent jusqu'à ce que cette consultante reprenne de nouveau contact avec moi.

Entre-temps elle s'est rendue pour la première fois avec son conjoint en week-end auprès des parents de ce dernier pour leur être présentée.

Elle en revient totalement bouleversée : le père de son conjoint, pris d'un accès de fureur, l'a violemment menacée avec un fusil, chassée de sa maison au milieu de la nuit et sommée de prendre seule le premier train pour la capitale. Son conjoint n'a pas osé s'interposer et l'a laissée repartir dans la nuit. Tout est désormais terminé entre eux.

Examinons un autre exemple. Il s'agit d'une jeune femme qui vient en consultation depuis plusieurs semaines. Elle a reçu une proposition pour changer de travail.

Elle me raconte que la dame qui l'a reçue en entretien en vue de cet important changement ressemble physiquement à sa propre mère qui est décédée d'un cancer quelques années auparavant.

D'autres détails me font songer à la reviviscence du passé : durant l'entretien d'embauche, la dame fait mention de son époux, en réalité son associé en affaires, il porte le même prénom que le père de la consultante ; enfin la dame avoue en confidence à la consultante qu'elle est gravement malade et souffre d'un cancer.

Ici les éléments communs sont également évidents, le futur employeur peut être identifié comme une résurgence d'une figure parentale, celle de la mère morte. Même type physique, conjoint portant le même prénom, et même maladie à un âge semblable.

Comme précédemment et sans le dire à la consultante, je sens que cette proposition n'aboutira pas et pire, qu'elle peut être porteuse de dangers.

C'est ce qui se passe : en sortant d'un second entretien avec son futur employeur, la consultante est menacée par un individu violent qui a pris place à ses côtés dans un transport en commun. Peu après, l'employeur signifiera à la consultante son désir de ne pas poursuivre l'accord initial envisagé.

Si la résurgence d'une figure parentale disparue se produit au cours de l'existence, il faut l'identifier tout de suite car cela peut être fort dangereux.

Une illustration célèbre : Jackie Kennedy-Onassis et son fils John

Alors que j'écrivais mon troisième ouvrage consacré au roman familial de John F. Kennedy[6], certains des éléments biographiques que s'analysais m'ont laissée supposer que *la parenté décédée était susceptible de réapparaître dans l'existence des descendants et ce, d'une manière symbolique.*

Voici les faits : après l'assassinat de John F. Kennedy, Jackie est veuve avec deux enfants en bas âge, Caroline a six ans et John-John atteint précisément ses trois ans le jour même où l'on enterre son père (25 novembre 1963).

Les relations de Kennedy avec sa femme et ses enfants ont été complexes : Kennedy était un époux volage et la conception de leur fils en coïncidence avec la campagne électorale pour la Présidence lui a été fort utile.

---

6. Elisabeth Horowitz, *Sous l'influence du destin familial. John F. Kennedy et les programmations secrètes de l'arbre généalogique*, Paris, Éditions Dervy, 2003.

Lors d'un repas amical, n'a-t-il pas avoué à son épouse et à celle de son hôte : « OK, les filles, l'élection est passée, vous pouvez ôter les oreillers que vous avez sur le ventre ! »

Après l'enterrement de John, tous ces éléments – dont certains ont été dissimulés au peuple américain – semblent désormais appartenir au passé.

Cependant, ce passé va resurgir à l'occasion d'un autre événement inattendu : Bill Clinton est élu à la Présidence des États-Unis en novembre 1992 et s'installe à la Maison Blanche en janvier 1993 après la cérémonie officielle d'investiture.

Je me suis demandée pourquoi Jackie et son fils étaient morts précisément durant le mandat de Bill Clinton.

Je fais l'hypothèse que c'est parce que Bill Clinton pouvait à leurs yeux constituer une reviviscence de John F. Kennedy.

Par fantôme, j'entends ici une personnalité susceptible d'en évoquer une autre, antérieure, et dont les analogies sont évidentes.

Comme John F. Kennedy, Bill Clinton est un jeune démocrate au moment de son élection, il a l'âge qu'avait Kennedy quand il est mort, c'est-à-dire quarante-six ans. Physiquement il ressemble beaucoup à Kennedy (Jackie en avait fait la réflexion à son entourage) et possède les mêmes penchants pour la gent féminine. De plus, c'est la rencontre personnelle avec John F. Kennedy qui a donné à Clinton l'envie irrésistible de faire une grande carrière politique (on se souviendra de la célèbre photographie de la rencontre d'un Bill Clinton encore adolescent serrant la main de John

F. Kennedy au cours de la réception donnée en l'honneur des Garçons de la Nation le 24 juillet 1963 dans la roseraie de la Maison Blanche).

Pour Jackie et son fils, ce retour symbolique de Kennedy, à travers un homme qui offrait tant de caractères communs avec lui allait leur être fatal.

Dès l'entrée en fonction de Bill Clinton, l'état de santé de Jackie se dégrade : un cancer du système lymphatique est diagnostiqué. Elle mourra quelques mois plus tard, soit le 19 mai 1994 à l'âge de soixante-cinq ans.

Quant à John-John, Bill Clinton lui propose de se joindre à l'équipe présidentielle en lui offrant un poste de sous-secrétaire d'État au sein de son gouvernement. Apparemment peu intéressé, le jeune homme refuse l'invitation.

John-John et son épouse vont mourir en juillet 1999 après la chute de leur avion personnel au milieu de l'océan. C'est Bill Clinton qui ordonnera les recherche en haute mer.

Dans tous les cas, ce « retour d'entre les morts », cette reviviscence symbolique sont nuisibles, portent atteinte à la libido, réitèrent les aspects sombres que l'on croyait du domaine du passé, occasionnent terreur, représentent un réel danger, et s'avèrent mortifères dans certains cas.

Par l'analogie, la figure ancestrale est en quelque sorte rappelée.

Ce rappel est dangereux à cause des secrets qui ont entouré les circonstances du décès et aussi à cause des secrets que la personne disparue a emportés avec elle.

Par le secret, monde des vivants et monde des morts demeurent liés de manière défavorable. En effet les dissimulations agissent comme des contaminations qui pervertissent le lien à l'Intangible.

Celui-ci, au lieu de devenir un allié, s'opposera aux processus vitaux.

Dans le cas de Kennedy, ces difficultés étaient d'autant plus aiguës que les circonstances mêmes de son décès demeurent encore un secret d'État.

Il n'est pas certain que sa femme et son fils en aient eux-mêmes connu tous les détails, puisque les documents archivés par les services secrets n'ont pas été déclassés.

Ainsi que nous avons eu l'occasion de le dire, toute émanation virtuelle d'une figure parentale décédée est potentiellement dangereuse, d'autant plus dangereuse que les conditions de sa disparition demeurent mystérieuses.

12.

Le destin se transforme

Après une biographie historique, Mary écrit un nouvel ouvrage.

Pour la première fois, elle débute dans un genre qu'elle affectionne tout particulièrement : le suspense.

Dans ce domaine, ses sources d'inspiration sont les grands auteurs classiques : Agatha Christie, Ngaio Marsh, Rex Stout, Charlotte Armstrong…

Cependant l'élément déclencheur semble avoir été une seconde série de textes radiophoniques que sa direction lui propose d'écrire (après celle concernant les différents présidents), dans les mois qui suivirent le décès de son mari.

La formule consistait à rapporter un fait divers d'actualité pour le faire suivre d'une recommandation du FBI concernant la sécurité.

Elle s'inspire alors des informations et des recommandations de sécurité que lui transmet un agent du FBI. Mary ajoute : « J'avais toujours prétendu ne pas être d'un naturel peureux, mais à force de rédiger ce genre de textes, je me surpris à surveiller les alentours au moment de monter dans ma voiture, à guetter autour de moi lorsque je me prélassais dans mon bain ou que j'étais réveillée par un bruit inhabituel au milieu de la nuit. »

Si Mary choisit désormais le roman à suspense, l'univers du crime et du mystère, c'est peut-être également par mesure de protection pour ne pas être victime à son tour des programmes généalogiques qui ont fait de nombreuses victimes dans sa propre famille.

« Le roman auquel je travaillais était mon meilleur réconfort. »

Après de nombreux mois, son premier roman à suspense est prêt.

Le titre *Die a Little Death* lui a été inspiré par les paroles prononcées par une maîtresse de Louis XIV. Elle avait perdu un bébé d'un an et exprimé son chagrin avec ces mots : « Et avec mon bébé, je suis morte un peu. »

Le choix du titre n'est pas sans relation avec le thème de la royauté et de la fidélité. On se rappellera que le père de Mary avait dû renoncer à son loyalisme envers la couronne de George V, roi d'Angleterre pour devenir citoyen américain.

À la grande joie de Mary, ce premier roman pour lequel elle a tant travaillé est enfin accepté par l'éditeur Simon and Shuster pour trois mille dollars.

Quelques semaines plus tard, – nous sommes en 1974 – les droits de l'édition de poche sont vendus à Dell et se montent à cent mille dollars.

Pour Mary, qui traversait alors une période extrêmement difficile sur le plan financier, ce sont quarante-cinq mille dollars qui lui reviennent, payables en trois ans.

Dix ans viennent de s'écouler depuis le décès de son époux ; nous constatons qu'une certaine compensation de la perte se présente spontanément sous la forme d'un petit capital inespéré.

« Mary est vraiment douée. Elle sera un écrivain célèbre quand elle sera grande. »

Mary avait écrit son premier poème à l'âge de six ans. Sa mère conservait tout ce qu'elle écrivait. Elle incitait sa fille à réciter le moindre de ses poèmes devant celles et ceux qui leur rendaient visite (les autres membres de la famille et nombreux cousins). Une fois que Mary avait fini de dire ses dernières œuvres, sa mère donnait le signal des applaudissements.

Mary est profondément reconnaissante à sa mère de la confiance que celle-ci lui témoigne. Elle ajoute : « Lorsque j'ai commencé à envoyer mes nouvelles aux éditeurs et qu'elles m'ont été retournées par la poste, je ne me suis jamais découragée. La voix de ma mère résonnait dans mon subconscient. Un jour je serais un écrivain célèbre. J'y parviendrais. »

C'est pourquoi, si vous le permettez, j'aimerais adresser ces quelques mots aux parents et aux enseignants : « lorsqu'un enfant vient vers vous avec le désir de vous faire partager quelque chose qu'il ou elle a écrit ou dessiné, ne soyez pas avare de compliments.

Ne vous arrêtez pas à l'orthographe ou au style ; reconnaissez la créativité et louez-la. La flamme de l'inspiration a besoin d'être encouragée. Protégez-la du découragement ou du ridicule ».

Mary écrit également des sketches et demande à ses frères de les jouer avec elle.

À l'âge de sept ans, elle reçoit en cadeau un agenda couvrant cinq années car sa mère sait qu'elle a une prédilection pour les vieilles histoires et anecdotes survenues aux membres de la famille.

Nous constatons ici non seulement qu'il est important de suivre sa vocation initiale mais qu'il est essentiel qu'un parent ait pu la soutenir et l'encourager depuis l'enfance.

L'autopsie du frère cadet : une délivrance

Pendant que Mary travaillait à l'élaboration de ce roman et alors que son frère venait de mourir, elle décida d'apprendre à skier.

Le désir tardif de skier (elle fera ensuite régulièrement des séjours en montagne aux États-Unis et en Suisse pendant les années qui suivent) semble avoir un lien avec son frère. Mary précise « Parce que sa mort avait été subite, son corps fut transporté à l'hôpital Jacoby pour une autopsie ».

Or, l'hôpital Jacoby avait été construit sur le terrain où Mary et son frère faisaient de la luge autrefois. « Comme on amenait Johnny sur un chariot, je revis soudain Joe nous entraînant derrière lui. Et il me sembla entendre la voix de Johnny : *« Hein on s'amuse, Mary ? »*

Le corps du frère va subir l'autopsie qui n'avait pas été faite pour leur père. Car si celle-ci avait été faite à l'époque, sa disparition n'aurait pas eu de tels effets ultérieurs. La famille aurait connu les circonstances et les causes exactes de sa mort. C'est ainsi qu'après cette autopsie, Mary va être délivrée des effets négatifs de la mort de son père survenue cinquante ans auparavant. Dès lors, la relation à l'Intangible sera positive et fructueuse. Tout ce qu'elle a souhaité et qui auparavant semblait impossible peut se concrétiser. Son livre va connaître un beau succès. Aux États-Unis, il est bientôt classé dans les meilleures ventes des best-sellers en format poche.

Sans attendre, elle entreprend l'écriture de son second roman à suspense. Celui-ci se situe dans la « Grand Station Central », l'immense gare de New York.

Dans sa jeunesse, Mary se souvient qu'il existait un feuilleton radiophonique qui s'intitulait *Grand Central Station.* Chaque émission débutait ainsi :

« Grand Central Station – plaque tournante d'un million d'existences. »

C'est ce qui lui donna l'idée d'un titre : *Crossroads.*

En avril 1977, les Editions Simon and Schuster offrent cinq cent mille dollars pour les droits de ce nouvel ouvrage, puis Dell offre un million de dollars pour l'édition en poche.

Pourquoi un million de dollars ? Il était déjà dans le titre qui inspira Mary !

Dès lors, le succès sera au rendez-vous pour chacun de ses nouveaux romans. Il va être bien plus considérable que ce que Mary aurait pu imaginer, même dans ses rêves les plus grandioses.

En cette année 2004, le nombre d'exemplaires vendus par Mary Higgins Clarck à travers le monde s'élève à trois cents millions, un chiffre extraordinaire.

L'amour sera également au rendez-vous car Mary qui s'est remariée à la fin de l'année 1996 avec John Conheeney connaît désormais une vie heureuse.

Conclusion

Grâce aux consultations, j'ai pu dépasser un préjugé moral qui m'avait jusque-là fait redouter d'aborder le thème des disparitions familiales.

Plusieurs témoignages m'ont fait comprendre que s'occuper des parents décédés pouvait être source de chance et de prospérité.

Pour exemple, ce consultant, infirmier de son état, chargé des premiers soins aux personnes venant de décéder et qui, je l'ai appris par des relations personnelles, avait gagné à plusieurs reprises des sommes d'argent importantes aux jeux de hasard.

On se rappellera également le cas de personnalités riches et célèbres dont les parents étaient fossoyeurs ou tailleurs de pierre tombales. Ainsi la chanteuse Mireille Matthieu, devenue célèbre dans le monde entier et immensément riche : son père possédait une petite entreprise de taille de pierre spécialisée dans les monuments funéraires dans le sud de la France.

Au niveau international, nous citerons le cas de l'actrice Whoopi Goldberg qui, avant de devenir riche et célèbre, faisait partie du personnel paramédical chargé des personnes décédées (elle rendait aux morts un aspect harmonieux).

Dans ce contexte, on se s'étonnera donc guère du succès qu'elle remporta au début de sa carrière dans le film opportunément intitulé *Ghost* (ou *Fantôme* en français) !

Ainsi que nous l'affirmions dans un précédent ouvrage [1], « Dans les arbres généalogiques, deux métiers génèrent des situations extrêmes, les métiers en lien avec les morts (entrepreneur de pompes funèbres, tailleur de pierre de monuments funéraires, fabricant de cercueils, fossoyeur, médecin légiste, personnes délivrant des soins aux morts), et les métiers en lien avec la naissance (médecin-accoucheur, sage-femme et autres personnels des maternités).

Ces métiers particuliers, témoins du passage entre le monde manifesté et le monde non manifesté semblent ouvrir un univers de possibles pour l'arbre généalogique.

On remarquera chez les personnes elles-mêmes pratiquant les activités citées ci-dessus ou leur parenté proche, frères et sœurs, enfants ou encore neveux et nièces, un détachement intérieur vis-à-vis des contraintes de l'existence.

Ce détachement naturel s'accompagne souvent d'une

---

1. Elisabeth HOROWITZ, *Sous l'influence du destin familial. John F. Kennedy et les programmations secrètes de l'arbre généalogique*, Paris, Éditions Dervy, 2003.

grande clairvoyance quant aux différentes situations de la vie et de la capacité à en souligner les aspects positifs.

Dans un certain nombre de cas également, un destin hors norme ainsi qu'une extraordinaire prospérité matérielle deviennent accessibles à un membre ou à plusieurs membres de la parenté. »

Dans son ouvrage intitulé *Les Sept Sermons aux morts de C.G. Jung*, Christine Maillard ne précise-t-elle pas que d'après le célèbre psychologue : « l'Inconscient et le pays des morts sont synonymes » ?

Bibliographie

John Bowlby, *Attachement et perte*, tome 3 : *La perte*, traduction française, Paris, Presses Universitaires de France, 1984.

Édith Goldbeter-Merinfeld, *Le Deuil impossible,* Paris, Éditions ESF, 1999.

Michel Hanus, *Les Deuils dans la vie,* Paris, Éditions Maloine, 2001.

Mary Higgins Clarck, *Entre hier et demain, Mémoires*, traduction française, Paris, Albin Michel, 2003.

Élisabeth Horowitz, *Se libérer du destin familial. Devenir soi-même grâce à la psychogénéalogie*, Paris, Éditions Dervy, 2000.

– *Se libérer du temps généalogique. Déprogrammer son destin grâce à la Psychogénéalogie*, Paris, Éditions Dervy, 2002.

– *Sous l'influence du destin familial. John F. Kennedy et les programmations secrètes de l'arbre généalogique*, Paris, Éditions Dervy, 2003.

– *La Maladie, une mémoire généalogique. Comprendre son roman familial pour guérir*, Paris, Éditions Dervy, 2004.

Christine Maillard, *Les Sept Sermons aux morts de Carl Gustav Jung*, Nancy, Presses Universitaires de Nancy, 1993.

Claude Nachin, *Les Fantômes de l'âme*, Paris, Éditions l'Harmattan, Paris, 1993.

– *Le Deuil d'Amour*, Paris, Éditions Universitaires, 1989.

Table des illustrations

Table des matières

L'auteur souhaite remercier pour leur amitié et leur concours : Daniel Bonaldo, Denis Magnenaz, Jocelyne Roques, Brigitte Bordelet, ainsi que l'équipe des Éditions Dervy : Isabelle Laurand, Caroline Roussel, Pascale Guthmann et Bernard Renaud de la Faverie.

Achevé d'imprimer sur les presses
de l'Imprimerie France Quercy
113, rue André Breton, 46001 Cahors

Dépôt légal : mai 2005
Numéro d'impression : 51113/

Imprimé en France

« Édition exclusivement réservée aux adhérents du club »
LE GRAND LIVRE DU MOIS
15, rue des Sablons
75116 PARIS
réalisée avec l'autorisation des Editions Dervy